JN032706

体育科授業サポートBOOKS

動画でわかる！

小学校体育

コーディネーション
運動 **50**

愉しいを創る
coordisports

寺尾大地／大塚修平

明治図書

はじめに

　はじめまして！コーディスポーツの大地コーチです！私たちは「愉しいを創る」をテーマに，幼児，小学生の「運動が苦手な子」を対象としたスポーツ教室で指導しています。

　私はもともと，中学校の体育科の教員をしておりました。「運動の素晴らしさを子どもたちに伝えたい！」「嫌いな子も好きになってほしい！」。そう意気込み，希望に満ち溢れて中学校に赴任しました。しかし，現実は違いました。中学生年代の子は，運動の好き・嫌いがはっきり分かれており，嫌いな子を好きにするのは，当時の私には不可能でした。できる限りもがいてみたものの，子どもたちは体育の授業を嫌がるようになりました。よく考えてみたら当然ですよね。嫌いなものを押し付けられたら誰でも嫌になります。

　「思うようにいかない」。子どもたちが生き生きと身体を動かしている理想の体育の授業と，目の前にある現実があまりにかけ離れており，私は適応障害になりました。そして２ヶ月後には辞職。挫折を味わいました。幸いにも適応障害自体は，辞職することと，運動すること，多くの方のお力をお借りすることで克服しました。中学校教員としての挫折を経験し，あらためて自身を見直し，本当にやりたかったことは何なのかを考えました。

　もともと運動と子どもが好きで目指した体育教員。昔の写真などを見返すと，誰かと一緒に運動することで笑顔になっている自分がいました。「運動は気持ちいいもの」「運動は人とつながるもの」。そして「運動は愉しいもの」。私は「自分と子どもが愉しく運動すること」を求めていたのです。そうして2009年２月，一念発起してコーディスポーツを設立しました。

　キャッチコピーの「愉しいを創る」に「楽しい」ではなく「愉しい」を使っているのには理由があります。左側の偏である「りっしん偏」は【心】を

意味しています。右側のつくりは【不要なものを取り除く】という意味があります。つまり「愉しい」とは，「心の中の不要なものを取り除き，心の底からたのしむ」という意味になります。

　運動とは本来，愉しむものです。トップを目指すためには，辛いトレーニングに耐え忍ぶことも必要でしょう。しかし，トップを目指す人はひと握り。大多数の人に必要なのは，健康を増進するための運動，つまり愉しむための運動です。

　本書は，私たちと一緒に活動している青空スポーツ科学塾の子どもたちに協力してもらい，運動メニューを50個紹介しています。運動メニュー紹介の書籍ですので，上手な見本をイメージするかと思います。しかし本書では，上手に見本ができていない子もいます。それでいいんです。失敗しようが，上手くできようが，子どもたちはみな愉しんでいます。

　上手にできるかどうかよりも，愉しめるかどうか。本書を参考に授業で実践してくださる先生方も，その目線で子どもたちを見守っていただけたら，子どもたちものびのび活動することでしょう。そしてよければ先生も一緒に子どもたちと運動をしてみてください。時には子どもの方が上手にできることもあるでしょう。成功しても失敗しても，それすら一緒に愉しんでください。そうすれば必ず子どもたちには愉しかった思い出が残り，運動が好きになります。

　思い出してください。愉しいとは，「不要なものを取り除き，心の底からたのしむ」ということです。成功・失敗の結果よりも，一緒にやったことに意味があります。私たちも子どもと一緒に運動し，いつも失敗しています。子どもたちはそれを笑ったり，負けないようにがんばったりしてくれています。これこそが「愉しいを創る」ということです。

　それでは私たちと一緒に，「愉しいを創る運動メニュー」を見ていきましょう！

コーディスポーツ　寺尾大地

CONTENTS

第 2 章	コーディネーションを取り入れた 運動&ゲームメニュー **器械運動領域**

| 第3章 | コーディネーションを取り入れた
運動&ゲームメニュー
陸上運動領域 |

第4章 コーディネーションを取り入れた 運動&ゲームメニュー ボール運動領域

Column

全メニュー，動画解説付き！
プレイリストはこちらから

序 章

「動くこと」に夢中になれる
授業をつくる

1 体育授業の本質とは

小学生期に多様な動きを経験するメリット

　多くの教科，様々な行事，多様なニーズのある保護者対応。小学校の教員の皆さんがご多忙であることは，各種報道からとてもよくわかります。そんな中，体育の授業に対して不安に思う方も多いのではないでしょうか。より良い体育の授業をつくりたいと考えている皆さんに，この本が参考になれば幸いです。

　現代はインターネット全盛の時代で，「体育のネタ」と検索すればいくらでも出てきます。そのため「ネタ」に困ることはないでしょう。しかし，「ネタ」は出るけど，それを目の前にいる子どもの実態に合わせる＝最適化する必要があります。この最適化が難しく，また指導者の腕の見せどころでもあります。たとえば，サッカーというスポーツを体育で取り入れてもよいでしょう。ですがその前に子どもたちは，走る，ボールを蹴る，転がっているボールを止めるなどの「動き」を獲得していますか？

　体育の授業ではゲームだけでなく，子どもの「動き」に着目しましょう。山梨大学の中村和彦氏は，人間の基本的な動きは36種類に分類でき，これが基本となって人間の複雑な動きを支えていると提唱しています。高校生の時期は筋力，中学生の時期は心肺機能が

大きく伸びる時期ですが，小学生の時期は動きの巧みさが伸びる時期。家を
建てる前の基礎工事に時間をかけるように，36種類の「動き」をバランスよ
く経験し，運動の基礎を築いておくことが大切です。

　未就学児は，走るだけで笑っています。ですがいつの間にか，走ることが
億劫になってきます。もちろん身体が大きく，重くなり，身体を動かすため
に使う消費エネルギーが増えるという原因もあります。ですが，それ以外の
原因の１つに，他人の評価が加わるということもあります。体育の授業がサッ
カーなどのゲームだけだと，まだ幼い小学生は勝敗に一喜一憂してしまい
ます。また，勝利という結果のためだけに運動することになり，そもそもの
「動き」を獲得できなくなる可能性もあります。

　すべての「動き」は"できないこと"と"元々できなかったこと"です。
だから，「できないからこそやってみよう！」という，なにごとにも前向き
で愉しむ姿勢が大切です。今こそ子どもの「動き」に着目して，いろいろな
「動き」を経験できる体育の授業を展開しましょう！

2 コーディネーション運動で伸ばす7つの能力

コーディネーションの「7・5・3」

「コーディネーションの7・5・3」という言葉があります。7つの能力，5つの原則，3つの柱のことを指します。このパートでは，ぜひこの「7・5・3」を覚えてほしいと思います。

「運動神経が良い」という言葉を定義するとしたら，①自分の思った通りに身体を動かせること②力の調整が巧いことの2つが挙げられます。運動を行う際，無駄なく出力できる状態のことを指します。ですので，かけっこが速い＝運動神経がいいとは限りません。かけっこが速い要因としては，筋力などの遺伝的な要素が強いとも考えられています。

運動神経を測る指標の1つに，コーディネーション能力があります。コーディネーション能力を理解すれば，身体を巧みに動かせているかどうかを調べることができます。すべての運動が次に紹介する7つの能力に分類できます。

7つのコーディネーション能力

①バランス能力

すべての動きの基礎となり，必要不可欠な能力です。バランス能力は，バランスをとって姿勢を保つ能力と，ボールなどを避ける，鬼ごっこのタッチから逃げる際にバランスを崩す能力の2つに分かれます。

②リズム能力

　身体を外的刺激に無駄なく合わせる能力です。たとえば，目や耳などの感覚器で，音楽や相手の動きなどの刺激を感知し，無駄なく自分の動きを合わせることなどを指します。また，動きを真似する際に必要な能力です。動きの真似が上手い子は，相手の動きのリズムを自分に取り入れることが上手い子です。リズム能力が高い子は真似がうまく，上達が早い傾向にあります。

③反応能力

　合図などの外的刺激に対して，素早く身体を動かす能力です。反応能力は２種類に分かれます。１つは単純反応能力。刺激にいかに素早く反応できるかという能力です。もう１つは選択反応能力。刺激に対して正確に反応できるかという能力です。

④定位能力

　自分と他人との位置関係を正確に把握する能力です。この能力が鍛えられると，鬼ごっこやサッカーなどで，相手との距離感をつかむことができるようになります。

⑤分化能力

　道具を自在に扱う能力です。この能力が鍛えられると，道具との距離感，力の入れ具合，角度など，道具を思い通りに扱うことができます。また，この場合は自分の手足も道具の１つと考えられています。

⑥変換能力

　素早く動きを切り替えたり，同調させたりする能力です。たとえば，サッカーでドリブル中に相手が右から来たら左にかわしたり，止まったりします。どの選択肢が最も効果的かを選択して動くことが大切です。変換能力はこのように，状況に応じて動く能力ともされています。

⑦連結能力

　複数の動きを無駄なく同調させる能力です。たとえば，垂直跳びで高く跳ぶためには，しゃがみ込み，腕を振り上げ，体幹を固め，足首を伸ばして跳び，バランスをとって着地するなどの複数の動きが必要です。連結能力が鍛

えられると，これらの一連の動きがスムーズにできるようになります。

　以上の７つの能力を理解することで，子どもの運動の課題を把握することができます。たとえば野球のバッティングで，バットにボールが当たらない子がいたとします。子どもたちはよく見てやっているつもりなのに，「ボールをよく見て！」という指導をしても上達は望めません。コーディネーション能力を理解していることで，多様な視点からなぜバットにボールを当てられないかを考えることができます。バランス能力が足りず，バランスを保て

ないからかもしれない。反応能力が足りず，ボールのスピードについていけないのかもしれない。分化能力が足りず，バットとボールの距離感を掴めていないのかもしれない。このように，動作を分析することができるようになります。

　では，どのように指導すればこの７つの能力が高まるのでしょうか。指導には５つの原則があります。

５つの原則

①短時間

　短い時間で運動を行いましょう。種目にもよりますが，目安は１種目30〜60秒程度です。完璧にできるようになるまで行わず，70〜80％程度できるようになったら次の運動に進みましょう。１つの運動を短い時間で行うことで，多種目の運動を経験することができます。７つの能力をバランスよく経験できるようにしましょう。

②変化

　運動を変化させながら活動を進めましょう。まったく別の運動に変えるのではなく，１つの運動を少しずつ変えていく。マイナーチェンジを繰り返し，常に新鮮な気持ちで運動できるようにしましょう。

③全身性

　右手を使ったら左手，前に走ったら後ろにも走るなどのように，得意な手，足だけではなく全身を使いましょう。

④差異化

　普段行わないような運動をあえて行いましょう。たとえば，回転しながら走ったり，目を閉じてボールを投げたりするなど，非日常的な動きを取り入れましょう。

⑤複合

　７つの能力を独立したものとして捉えず，合わせて鍛えていきましょう。運動の場面でも１つの能力が独立しているものはごくわずかです。各能力が合わさっているものとして捉えましょう。

　この５つの原則を踏まえながら指導することで，子どもたちのコーディネーション能力は鍛えられます。

　このパートの最後に，３つの柱について解説します。３つの柱とは，コーディネーション運動を行う際の目的です。

3つの柱

①動きのもとづくり

　パート１でも説明した通り，基本的な人間の動作は36種類あると言われています。様々な動きを取り入れ，動きに変化を加えていくコーディネーション運動は，この36の動作をバランスよく，効率的に経験することができます。

この36の動作が「動きのもと」です。動きのもとをつくることで，より複雑な動きをスムーズに獲得できるようになります。

②筋肉と神経の回路づくり

　脳内にはたくさんの送電塔が立っており，たくさんの電線が通っているとイメージしてください。Aという送電塔からBという送電塔に電線を通って電気を送ります。この速度が速まり，正確になることが，運動神経が良くなることと考えられています。さらにこの送電塔をたくさん立てて，電線が蜘蛛の巣のように張り巡らされることで，様々な運動の精度が高まります。コーディネーション運動は，この送電塔と送電線を張り巡らせることが目的の１つとなっています。

③協調性機能の向上

　運動する環境は，常に一定とは限りません。サッカーやバスケットボール，柔道などの対人のスポーツでは相手によって動きを変える必要があります。陸上競技や水泳，体操競技などの対人ではないスポーツも，気温や風向き，水温，湿度などによって動きを調節しなければなりません。コーディネーション運動は，外部の刺激に対する動きの調整や調節といった「情報処理機能」の向上も目的の１つとしています。

　３つの目的を見失わず，５つの原則を踏まえた指導法を実践し，７つの能力を伸ばすことで，子どもの運動能力を伸ばしていきましょう！

3　体育授業のポイント

Do の確保と easy to difficult

　子どもが「動き」を愉しみ，獲得していくためには，「Do の確保」，つまり運動量の確保が必須です。そのため，先生が喋る時間をいかに短く済ませ，子どもたちの運動の時間を確保することが大切です。

　ところで，体育の授業で，子どもが運動している時間と子どもが話を聴いている時間（動いていない時間）はどちらが長いでしょう？正確にストップウォッチで測ることはなかなか難しいですが，子どもが動いていない時間のほうが長いと感じる先生方も多くいらっしゃると思います。試しに授業をボイスレコーダーで録音してみてください。少しでも先生の喋る時間を短くするために，先生が喋っている言葉をすべてワードに書き起こし，無駄なところを９割削りましょう。残った１割が伝えなければならない大切なところです。大切なところが浮き上がってくれば，そこを優先的に伝えましょう。

　そしてさらに体育の授業で話を短くするためには，「easy to difficult」という考え方が有効です。これは誰でもできる運動から少しずつ条件を変えたり，難易度を高めたりして，運動を変化させることです。

たとえば，１章で紹介しているジャンプマリオネット（p.22参照）という種目に置き換えて考えましょう。この種目を指導する際，いきなり最高難度のジャンプを行うと難しく，説明も多くなります。さらに，子どもたちは難しくてできないとやりたくなくなります。まずは誰もができる最低難度のジャンプから行い，少しずつ難易度を上げていくことで，１つずつ動きを獲得していきます。そうすれば，知らず知らずにうちに100回以上ジャンプしていることになるでしょう。大切なのはマリオネットができるようになることではなく，たくさんジャンプをする＝運動を豊富に経験することです。

　運動の学習は次の３段階とされています。

①試行錯誤の段階	できたり，できなかったりしながら上達していく段階
②意図的な調整の段階	ある程度できるようになった運動技能を，意識的にコントロールして行えるようになる段階
③自動化の段階	特別な意識をしなくても，瞬時に判断でき自然に運動ができるようになる段階

　「easy to difficult」で進めれば先生が喋る時間も短くなり，子どもの「Do の確保」ができ，上達していきます。ぜひコーディネーションの「7・5・3」を理解し，「easy to difficult」と「Do の確保」の視点を持って，子どもたちと愉しく運動をしましょう！

【参考文献】
中村和彦『運動神経がよくなる本』（マキノ出版）

第 1 章

コーディネーションを取り入れた 運動&ゲームメニュー

体つくり運動

領域

1 新聞紙ダッシュ

動画
解説

準備物 新聞紙（ティッシュでも代用可）

　姿勢良くバランスを保持して走る運動です。新聞紙を胸から落とさないためには，胸を張って姿勢良く走る必要があります。新聞紙という具体物を使ってわかりやすく，愉しく走れるので低学年の子どもにおすすめのメニューです。

伸ばす力　**バランス**　リズム　反応　定位　識別・分化　変換　**連結**

1 実施方法を説明します

T　走る人と2，3m先で新聞紙を持っている人でペアになります。新聞紙に向かって走り，新聞紙が身体についたら，持っている人は離してあげましょう。落とさないようにゴールまで走りきってください。

2 実際に運動を行います

T　それではやってみましょう！（2〜3分程度）

3　新聞紙を小さくし，運動の難易度を上げて行います

T　できたら新聞紙を1回折って，1人でやってみましょう！

4　動きに変化をつけます

T　今は前向きで走ったから次は後ろ向きで走ってみましょう。前向きで
　　やって，後ろもできたら次はどうしたい？

C　横向きでもやってみたい！

・・・　運動の愉しさを引き出す言葉かけ（発展）

落ちないスピードで走ってみよう！

　全力で走って新聞紙を落とさないことより，落ちないスピードまで減速することを目標にしてみましょう。運動は100%の力を出し続けることよりも力加減を調節することの方が大切です。「ちょうどいいスピード」を子どもたちが見つけられるような言葉がけをしましょう。

2　ジャンプマリオネット

動画
解説

準備物　なし

　一定のリズムでジャンプをすることで，リズム能力が鍛えられる運動です。また，上半身と下半身で別々の動きをすることで連結能力も鍛えることができます。徐々に難易度を高め，実態にあわせて取り組んでみてください。

伸ばす力　バランス　**リズム**　反応　定位　識別・分化　変換　**連結**

1　実施方法を説明します

T　まずは腕も脚もグーパージャンプです。なるべく同じリズムで跳び続けられるようにしましょう。それではやってみましょう（30秒程度）。

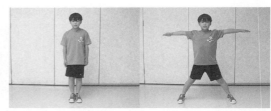

T　次は，腕と脚の動きを別々の動きにしてやってみましょう。

2　動きに変化を加えます

T　腕は上・横・下，脚はグーパーでやりましょう。

C　　先生，難しいです。

T　　難しいなと感じたときは，ゆっくりやったり，脚の動きだけやってみ
　　　たりしましょう。

T　　できた人はレベルアップです。脚はグーパー，腕は右手，左手の順番
　　　で，上，上，横，横，前，前，下，下とパンチをしましょう。

💬 運動の愉しさを引き出す言葉がけ（補充）

できなくても大丈夫！何回ジャンプできたかな？

　発展的な内容を提示していますが，目的はジャンプの運動量の確保です。
課題に熱中している間に何回ジャンプしたか数え，いつの間にか100回以上
もジャンプしているという事実を伝えましょう。できる・できないではなく，
子どもが熱中できるように難しさを調節しつつ課題設定をしてあげましょう。

3 言うこと一緒やること一緒

動画解説

準備物　なし

　耳で受け取った指示を脳で思考し身体で表現する，この一連の流れがスムーズになる運動です。身体を思い通りに動かす連結能力が鍛えられます。最初はゆっくり，徐々に速くすることで難易度が高まりますので，実態に応じて取り組んでみてください。

伸ばす力　バランス　**リズム**　**反応**　定位　識別・分化　変換　**連結**

1 実施方法を説明します

T　まずは言うことも一緒，やることも一緒です。みんなで一緒に「言うこと一緒やること一緒」と言いましょう。そのあとに先生が「前」と言ったらみんなも「前」と言いながら前にジャンプをします。右，左，後ろも言いますので，言われた方向へジャンプをしましょう。

2 運動を行います

T　それではやってみましょう！
C　言うこと一緒，やること一緒！
T　前！
C　前！（以降，右，左，後ろも含めて何回か繰り返す）

体つくり運動

3 運動のレベルを上げます

T　次は言うこと反対，やること反対です。先生が前と言ったら？

C　後ろと言って後ろにジャンプする！

T　そうです。ではやってみましょう！

4 更に難易度を高くします

T　次は言うこと一緒，やること反対です。先生が前と言ったら？

C　えーと，前と言いながら後ろにジャンプする？

T　その通りです！難しいからゆっくりやってみましょうね。

T　最後は言うこと反対，やること一緒です。先生が前と言ったら？

C　んー，後ろと言いながら前にジャンプする！

T　いいですね。まちがってしまってもいいので，たくさんジャンプして身体を動かそう！

 　運動の愉しさを引き出す言葉がけ（発展）

手をつないでやってみよう！

　5名程度で手をつなぎ，円になります。円になった状態でやってみましょう。隣の子に引っ張られたり，お互い近付くようにジャンプをしたり。難易度を上げると難しいですが，友だちと一緒に愉しくジャンプをし，心も身体もあたたまります。

動画解説

4 アニマルウォーキング

準備物 なし

あらゆる運動の基本はバランス能力にあります。動物に見立てた多様な身体の動かし方を通してバランス能力を鍛えましょう。さらにクマでは肩関節での支持の感覚，ワニでは股関節を大きく動かす感覚など，それぞれの運動にねらいがありますので，まんべんなく取り入れましょう。

伸ばす力 **バランス** リズム 反応 定位 識別・分化 変換 **連結**

1 注意事項を説明して運動を行います

T クマ（①）は腕が曲がらないように注意してください。腕が曲がると顔を床に打ってしまうかもしれません。

T ワニ（②）は脚を大きく動かしながら前に進みましょう。脚を大きく動かして進むと何が上手になるかわかるかな？

C 脚の力が強くなる？

T そうだね，脚で床を蹴るからね。それと脚のつけ根が柔らかくなって，走る時の一歩が大きくなる。一歩が大きくなると足が速くなる。なので脚を大きく動かしてワニをしてみよう。

T 次はうさぎ（③）です。うさぎは前脚，後ろ脚の順番で動かして進むね。みんなは手，

①

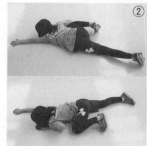

②

脚の順番で動かして進んでみよう。

T　カエル（④）はうさぎの動きで脚
　　を開きます。着いた手よりも足を
　　前に出しましょう。そうすると身
　　体が前に倒れるから跳び箱が跳べ
　　るようになるかもしれません。

T　次はクモ（⑤）です。おへそを上
　　にしたら腕と脚の力でお尻を浮か
　　せます。できたらお尻を肩や膝と
　　同じ高さまで上げてみましょう。

T　最後はアザラシ（⑥）です。おへ
　　そを床に着けたまま，腕の力だけ
　　で前に進みましょう。脚を動かし
　　てはいけません。

体つくり運動

・・・　運動の愉しさを引き出す言葉がけ（発展）

この動きは何につながるのかな？

　動物の動きは，目的意識をもたせることでより意欲を高めて取り組むことができます。カエルは前傾姿勢が上手くなり跳び箱の開脚跳びに，クモはお尻を上げる感覚が掴めてブリッジや倒立などにつながります。身につけたい動きのイメージをもたせるように声をかけましょう。

5 トントンスリスリ

準備物 なし

　　右手と左手で別々の動きをすることで，身体をスムーズに動かす連結能力が鍛えられます。スポーツの場面で完全に左右対称に動かすことはあまりありません。脳からの指示通りに身体を動かすことができるよう，連結能力を鍛えましょう。

伸ばす力　バランス　**リズム**　反応　定位　識別・分化　**変換**　**連結**

1　実施方法を説明します

T　　右手はグーで脚をトントンと叩きます。何回かやってみましょう。
　　（10回ほど叩いたら）右手は止めて，左手をパーにします。パーは脚をスリスリさすりましょう。（10回ほどさすったら）それでは右手と左手を同時に行ってみましょう。

2　運動を行います

C　　（パーで脚を叩いている音）パンパン！

T　　パンパンと音がしちゃっているということはパーで脚を叩いてしまっ

ているね。難しかったらゆっくりやってみましょう。

3　動きの変化を紹介します

T　動きに慣れてきたら入れ替えましょう。グーは脚をスリスリ，パーは脚をパンパンと叩きましょう。

4　苦手な子には個別にフォローし，運動の意図を教えます

C　難しいからもうやりたくない…

T　難しいよね。でもスポーツは右手と左手を同じ動きをすることは少ないよ。たとえばバスケットボールでは，左手でガードしながら右手でドリブルする。右手と左手を思った通りに動かす練習になるんだよ。

C　わかった，それならがんばってみようかな！

・・・　運動の愉しさを引き出す言葉がけ（発展）

できるようになったらどんどん次をやろう！

　小学生の年代は「即座の習得」と言われているように，新しい動きを短時間で体得しやすい年代とされています。できるようになったらすぐ次の種目へ。動きのバリエーションを事前に考えておくとより子どもたちが愉しめることでしょう。

動画
解説

6　クロスタッチ

準備物　なし

　身体をスムーズに動かす連結能力が鍛えられます。また，手足も道具の1つと考えられますので，分化能力も鍛えられます。手足を自在に操ることで様々な運動の土台となります。足を上げる力加減を適度なものにし，身体を自在に操る感覚を鍛えていきましょう。

伸ばす力　バランス　リズム　反応　定位　識別・分化　変換　連結

1　実施方法を説明します

T　　まずは身体の横で足をタッチしましょう。足を強く上げすぎると突き指などのケガをする心配がありますので，優しくタッチしましょうね。

2　運動を行います

T　　それではやってみましょう！（1〜2分程度）

3　運動のポイントを考えるための質問をします

T　　タッチをする時に頭が揺れないように気をつけましょう。

T　どうしてかわかるかな？

C　フラフラしちゃうから！

T　そうだね，頭はとても重いから，頭が揺れると
　　フラフラするんだ。走る時も，跳ぶ時も，ボー
　　ルを投げたり蹴ったりする時も，頭を動かさな
　　いように気をつけよう。まっすぐ前を見るとフ
　　ラフラしにくいよ。

4　動きに変化をつけて行います

T　次は身体の前で，できたら最後は身体の後ろでタッチをしてみよう。

⋯　運動の愉しさを引き出す言葉がけ（発展）

合体してみよう！

　コーディネーション運動のポイントは簡単な動きと簡単な動きを組み合わ
せること。身体の横，横，前，前，後ろ，後ろと，順番にタッチしてみまし
ょう。そして慣れてきたらスピードアップしたり移動しながらしてみたり。
どんどん動きを組み合わせていきましょう。少しずつできる愉しさが味わえ
る運動です。

7

短縄ペア跳び

動画
解説

準備物 短縄

　縄跳びという道具を扱うことで，分化能力が鍛えられます。縄に動き
を合わせることでリズム能力を，手首，肘，肩などの関節をスムーズに
動かすことで連結能力も同時に鍛えることになります。ペアで協力する
ので協調性も高まります。

伸ばす力 バランス **リズム** 反応 定位 **識別・分化** 変換 **連結**

1 実施方法を説明します

T　ペアをつくります。背の高さが同じくらいの人とペアを組むとやりや
　すくなります。横に並び，前跳びの準備をしましょう。準備ができた
　ら隣にいるペアと近い方の縄を交換しましょう。声を掛け合ったりし
　てタイミングをそろえて前跳びをしましょう！

2 運動を行います

T　準備はできたかな？それでは始めましょう！（2～3分程度）

3　10回以上引っかからずに跳べたペアを見本に選びます

T　どうすれば引っかからずに跳べるかな？

C　声を合わせる！

C　タイミングをそろえる！

T　そうだね，声をかけたりしてタイミングをそろえることは大事です。
　　そしてペアの人の準備ができているかを確認することも忘れないよう
　　にしましょう。縄がねじれていたら上手く跳べないから，お互いに教
　　え合えるようにしよう！
　　10回以上跳べたペアは左右を入れ替えてやってみましょう。

4　左右の立ち位置を入れ替えてもう一度運動を行います

┅┅┅ 運動の愉しさを引き出す言葉がけ（発展）

上手にできたら人数を増やしてみよう！

　短縄に日頃から触れており，運動経験が多い子のペアは難なく10回以上跳
べるでしょう。そんな時は人数を増やしてみてください。3人でも4人でも
実施可能です。また，後ろ跳びや走り跳びなど，跳び方を変化させても可能
です。発展的な内容として示してあげてください。

8 長縄リズムチェンジ

動画解説

準備物 長縄

　リズム能力は外的なリズムに自分の身体を合わせるという能力です。長縄の回る速さが変わることで，その縄に自分の身体を合わせないと跳べません。そのため，リズム能力が大いに鍛えられる運動になります。より極端に縄のスピードを変えてみてください。

伸ばす力　バランス　**リズム**　反応　**定位**　識別・分化　**変換**　連結

1　実施方法を説明し，運動を行います

T　　長縄で8の字跳びをします。8の字跳びは縄が自分の目の前を通ったら縄に入る，縄が低く回るところで跳ぶことがポイントです。縄の動きをよく見て入って，跳んで，抜けてみましょう。（2〜3分程度）

2　条件を加えた運動を行います

T　次は縄を回す速さが変わります。速くなったり遅くなったりします。よく見ておかないと引っかかってしまうから気をつけてくださいね。縄を回す子は，どちらかリーダーを決めて，リーダーがゆっくり回したらそれに合わせてゆっくり回すようにしましょう！

3　子どもの意欲を引き出すためのフォローをします

C　もっと速く回してほしいです！

T　そうだね，でも，上手な人は回す速さに関係なく，引っかからずに跳べるはずだよ。みんなはどうかな？

C　なんで回す速さを変えるの？

T　たとえばサッカーでディフェンスをするときは相手の動きについていくよね？速さが変わる縄を上手に跳べたら，いろんなスポーツの上達につながるよ。

4　もう一度運動を行います

••• 　運動の愉しさを引き出す言葉がけ（発展）

今，みんなにどんな力がついてると思う？

　8の字跳びを30秒間で何回跳べるか，などのゲームは，目に見える数字という結果があります。子どもは目に見える結果を追い求めがちです。結果も大切ですが，この運動をすることでどんな能力につながるかを具体的に伝えることも大切です。運動の目的を考えさせ，伝えていきましょう。

9 小玉転がし

準備物　バット（ラケット），フラフープ，ボール

　道具を扱うので分化能力が，ボールとの距離感を測るので定位能力が鍛えられます。バットやラケットなどの物を使って，物であるボールを打つのはとても難易度が高いので，この運動を通してバットやラケットなどを自在に扱う感覚を鍛えていきましょう。

伸ばす力　バランス　リズム　反応　定位　識別・分化　変換　連結

1　実施方法を説明します

T　バットでボールを転がしましょう。10m先にあるコーンを回ってきてください。ボールを打つのは禁止です。常にバットにボールが触れているようにしましょう。

2　運動を行います

T　それではやってみましょう！（1〜2分程度）

コーン

3　条件を変えて運動の難易度を上げます

T　次はボールの種類を変えてやってみましょう。

4　環境を変えて運動の難易度を上げます

T　次はコーンをジグザグに縫うよ
　　うに進んでみましょう。どうす
　　ればスムーズに進めるかな?
C　ボールをバットから離さない!
T　そうだね，ボールがバットから
　　離れてしまうと思った通りに曲

がれないね。速く進むためには，ボールをバットから離さないことが
大切です。ボールを常にバットにくっつけて進んでみましょう。

💬 運動の愉しさを引き出す言葉がけ(補充)

最初はゆ～っくり進んでみよう!

　コーディネーション能力を高めるためには，まずは動きの質を正確にする
ことが大切です。ゆっくりでもよいのでまずは正確に進ませましょう。正確
に進めるようになってきたら徐々にスピードを速くしていきます。まずはゆ
っくり進むように言葉がけしてみてくださいね。

10 指示ジャンプ

準備物 ラバーリング，ケンステップ

まずはジャンプの時にフラフラしないことが第一です。これは，バランス能力を鍛えることにつながります。リングの色を見て，脳で考えて跳び方を決め，跳ぶ。指示ジャンプを通して，この一連の流れがスムーズなります。身体をスムーズに動かす連結能力も高まります。

伸ばす力 バランス リズム 反応 定位 識別・分化 変換 連結

1 実施方法を説明します

T ラバーリング（ケンステップ）を10個，縦に並べましょう。リングとリングの間は間隔をあけず，つなげましょう。同じ色は続けず，隣同士は異なる色にしてください。

2 運動を行います

T すべてのリングにグージャンプ（両足ジャンプ）で入りましょう！
（1人2往復程度）

3 動きに変化（条件）を加えます

T　緑色のリングは，パージャンプにしましょう！

T　黄色のリングはケンにしましょう。

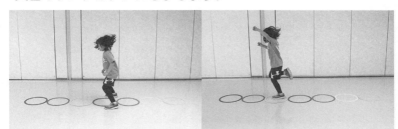

T　他の色はどうしようかな？

C　赤色のリングはマグマだから跳び越す！

T　おもしろいね！そうしましょう！

4 条件を変えてもう一度運動を行います

T　慣れてきたらジャンプのスピードを速くしてやってみましょう。

··· 運動の愉しさを引き出す言葉がけ（発展）

別のチームのリングでやってみよう！

　同じ並び順で何回も繰り返すと，ジャンプのパターンを覚えてしまい，思考のチャンスが減っていきます。そんな時は他のチームのリングでやってみたり，並び順を変えさせたり，色によってのジャンプの仕方を変えてみたりなどの工夫をすることで，フレッシュな気持ちで活動できます。

11 長縄クロスジャンプ

準備物　長縄

　縄の動きに合わせるだけでなく，反対側から入ってくる人の動きにも合わせるため，よりリズム能力が鍛えられます。また，一定の場所で同じリズムで跳び続けるため，バランス能力も鍛えられます。少しずつ難易度を高めていきましょう。

伸ばす力　バランス　リズム　反応　定位　識別・分化　変換　連結

1 実施方法を説明します

T　長縄で8の字跳びをします。8の字跳びは縄が自分の目の前を通ったら縄に入る，縄が低く回るところで跳ぶことがポイントです。縄の動きをよく見て入って，跳んで，抜けてみましょう。（2〜3分程度）

2 条件を加えた運動を行います

T　次は交互に縄に入りましょう。右側の子が入ったら左側の子が入ります。左側の子が入ったら次はどちらの子が入りますか？

C　右側！

T　ちゃんとわかっていますね，では，まずはゆっくりやってみましょう。

3　さらに条件を加えて運動を行います

T　次は縄に入ったら相手とじゃんけんをしましょう。じゃんけんに勝っ
　　た子は縄から出ましょう。負けた子はそのままで，次に入ってくる子
　　とじゃんけんをしましょう。

4　もう一度運動を行います

・・・　運動の愉しさを引き出す言葉がけ（補充）

縄が目の前を通ったら入ってみよう！

　長縄は「入る」「跳ぶ」「抜ける」という 3 動作が含まれた運動です。この
中で最も難易度が高いのは「入る」動き。ポイントは縄が自分の目の前を通
ったら入ること。目の前＝近く。縄は近くを通ったら遠くに行きます。感覚
的な指導ではなく，言葉で表現し，まずは理解できるようにしましょう。

12 三角鬼

動画解説

準備物 マーカーコーン

鬼と自分との距離感を測る定位能力や，鬼の動きに反応して逃げる反応能力，状況に応じた動きをする変換能力，反対側への切り返しの際に身体をスムーズに動かす連結能力など，様々な能力が鍛えられます。省スペースでできるゲームなので体育館でも取り組むことができます。

伸ばす力 バランス リズム   識別・分化 連結

1 ルールを説明します

T　マーカーコーンで三角形をつくり，その周りで3人1組の鬼ごっこをしてください。タッチしたら鬼は交代です。三角形の中に入ったり，三角形から大きく離れたりすることは禁止です。

2　ゲームを行います

T　では，始めます。よーい，ドン！（30秒〜1分程度）

3　切り返しの動きが上手にできた子に見本を見せてもらいます

T　どうすれば鬼はタッチできるかな？

C　速く走る！

C　反対に動く！

T　そうだね，速く走ることも大切だけど，狭いから反対に動くことを素早くやるとタッチできるかもしれないね。それでは今とは違うチームでもう1回やってみよう！

4　三角形を四角形に変えて，もう一度ゲームを行います

T　反対に動いてタッチできたかな？　次は四角鬼をやってみよう！

・・・　運動の愉しさを引き出す言葉がけ（発展）

他の子の動きも見て，マネしてみよう！

　短い時間で子どもたちが疲れてしまうくらいの運動量を確保することができます。長い時間続けるのではなく，休憩を利用して，他のチームの動きを観察させましょう。切り返しのイメージをつかむことができます。

動画
解説

13 線上並び替えゲーム

準備物　ライン（発展させるなら平均台）

　バランス能力はすべての運動の基礎となる能力です。このゲームは「保持してあるバランスを保持し続ける」というバランス能力を鍛えるゲームです。また，他児とのコミュニケーションによって成否が決まるので，年度はじめなどに取り入れると学級経営にも活きるでしょう。

伸ばす力　バランス　リズム　反応　定位　識別・分化　変換　連結

1　実施方法を説明します

T　　1チーム4人で行います。線の上に並びましょう。並んだら先生が言うテーマ通りに順番を入れ替えてください。ただし，線の上から落ちてはいけません。落ちないように気をつけながら，並び替えられるようにしましょう。

2　ゲームを行い，終わったら答え合わせをします

T　テーマは「背の順」です。低い人が左，大きい人が右です。

T　最初に終わったのはAチーム，次に終わったのはBチーム，最後はC
　　チームでした。だけどBチームは並び方が間違っていたから，2位は
　　Cチームです！

3　ゲームごとにテーマを変え，条件も増やしながら実施します

T　次のテーマは「誕生日順」（名前
　　の五十音順などでも可）です。

T　さらに，次は喋ってはいけません。

C　喋らないと他の人の誕生日がわか
　　りません…

T　そうだね。喋れないとわかりづら
　　いね。でも喋ること以外にも相手

に伝える方法はあるよね。さあどのチームが一番早く並び替えられる
かな？

4　もう一度運動を行います

💬　運動の愉しさを引き出す言葉がけ（補充）

友だちと助け合っているかな？

　線の上だけで入れ替わるためには，お互いに支え合うことが大切です。線
から落ちずに並び替えられているチームは傍観者がいないはずです。助け合
っているチームの見本を見せることで，自然と助け合う気持ちが芽生えるこ
とでしょう。

動画
解説

14 魚裏返しゲーム

準備物 なし

> 右からひっくり返されそうになったら身体の右側に力を入れる。そんな動きを通してバランス能力や，身体をスムーズに動かす連結能力を鍛えることができます。このゲームを通してすべての運動の基礎となるバランス能力を高めていきましょう。

伸ばす力　**バランス**　リズム　反応　定位　識別・分化　変換　**連結**

1　実施方法と注意事項を説明します

T　同じくらいの体格の人とペアになりましょう。
　　１人は魚になってうつ伏せ。もう１人は魚をひっくり返し，両面焼いて食べちゃいましょう。
　　魚役の人はひっくり返されないように耐えてください。
　　服と髪の毛と腕は引っ張ってはいけません。服は破けてしまいます。
　　髪の毛は引っ張られると痛いし，腕は抜けてしまう心配があります。
　　注意しながらゲームをしましょう。

2　運動を行います

T　引っ張ってはいけないところには注意しましょう！

T　　それでは始めます！（1〜2分程度行ったら交代）

3　ひっくり返せた子にポイントを聞きます

T　　どうすればひっくり返せるかな？

C　　逆側からもひっくり返してみる！

T　　そうだね，同じ方向で力を入れ続けるのではなく，逆側からもひっく
　　　り返してみよう。引っ張っている方向とは反対の方向から引っ張る時
　　　は，時間を空けず，素早く引っ張ると相手も対応できないかもしれな
　　　いね。

4　ペアを変えてもう一度運動を行います

●●●　運動の愉しさを引き出す言葉がけ（補充）

チーム戦でやってみよう！

　1対1だとどうしてもひっくり返せない子も出てきます。そんな時はチー
ム戦にしましょう。担当の魚をひっくり返した子は，別の魚もひっくり返し
てよいというルールにします。そうすることによって，より多くの子がひっ
くり返すという動きの愉しさを味わうことにつながります。

率先垂範

子どもたちが成長する上で大切なことはなんでしょうか？
それは「真似すること」です。
上手な人の真似をして，成長していきます。

　人間には脳内に「ミラーニューロン」と呼ばれる，真似を可能にする脳細胞があります。この脳細胞を生かし，子どもたちにはどんどん真似をさせることです。また真似をすることは成長するだけではなく，その人の思いに共感することにもつながります。例えば「愉しい笑顔あふれる空間」にいれば自然と気持ちが愉しくなります。逆に「とげとげしく殺伐とした空間」にいればイライラしてきます。このように感情は連鎖するのです。
　私たちが指導する上で大切にしているのは「率先垂範」です。率先して規範を示していくことです。指導者である私たち大人が自ら身体を動かし，愉しく運動している姿を見せることが，何よりも子どもたちに響きます。必ずしも上手な見本である必要はありません。苦手でも挑戦している姿を見せることで，「挑戦する」ことの大切さを伝えることもできます。さらに時には失敗している姿を見せることも大切です。失敗している姿を見せることで，「子どもたちが失敗していいのだ」と考えることにもつながります。

　これは運動に限った話ではなく，日常生活でも同じです。子どもたちに勉強してほしければ，自分が勉強している姿を見せる。掃除をしてほしければ，自分が掃除をしている姿を見せる。言葉で子どもを動かそうとするのではなく，大人である私たちが子どもの模範となれるように「やって見せる」，行動を示していくことが大切だと考えています。

第 **2** 章

コーディネーションを取り入れた
運動＆ゲームメニュー

器械運動
領域

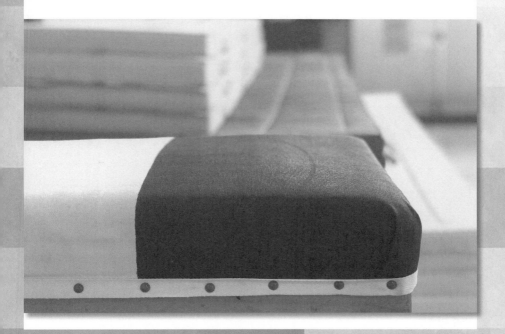

1 飛行機前転・腕組み前転

動画解説

準備物　マット

　器械運動に欠かせない，身体をスムーズに動かす連結能力が鍛えられます。前転はマットに手を着くことよりも，後頭部をマットに着くことが大切です。後頭部をマットに着けることができればスムーズに回転できます。ポイントを伝え，回転運動を愉しみましょう。

伸ばす力　**バランス**　リズム　反応　定位　識別・分化　変換　**連結**

1 飛行機前転の実施方法を説明し運動を行います

T　おへそを見て，頭の後ろをマットに着いて，前に回りましょう。両手は飛行機のように横に開いたままです。

C　先生，回るのが怖いです。

T　怖い子は友達に腰や手を持ってもらいましょう。それでも怖かったら先生が補助をします。

2 腕組み前転の実施方法を説明します

T　胸の前で腕を交差させます。腕を交差させたまま回転しましょう。お
　　へそを見るのと頭の後ろをマットに着けることを忘れずに！

3 難しい子にはフォローやアドバイスをします

C　まっすぐ回れません…

T　両足を肩幅くらいに開くと頭の後ろが着きやすくなります。立った時
　　に肩幅くらいに開いてからおへそを見て，身体を丸めて回ってみまし
　　ょう。それでも難しければ，あごと首をつけたまま回ってみてくださ
　　い。自然と身体が丸められますよ。

> **...** 運動の愉しさを引き出す言葉がけ（発展）

> ### 美しく，まっすぐ回転してみよう！

　手を着かずに回転することが愉しめるようになってきたら，まっすぐ回転
して美しさを追究することを目指しましょう。マットにテープをまっすぐ貼
り，テープから落ちないように回転するなどの発展的な内容を示し，動きの
質を高めていきましょう。

動画
解説

2 ボール前転

準備物 マット，ボール

　身体を丸め続けることでスムーズな回転につながるので，連結能力が鍛えられます。また，ボールを使うので，道具を扱う分化能力が鍛えられます。回転中もボールを落とさないように気をつけながらやってみましょう。

伸ばす力　バランス　リズム　反応　定位　識別・分化　変換　連結

1　ボール前転の実施方法を説明します

T　ボールを両手で持ちます。両足を開き，足の間からお尻の方へボールを送ります。そのまま身体を丸めて前転をしましょう。起き上がる時もボールは離さず，持ったまま起き上がりましょう。

2　運動を行います

3　ボール挟み前転の実施方法を説明します

T　次はボールを脚で挟んだまま前転をしましょう。もちろん起き上がる
　　ときもボールを脚から離してはいけません。

4　ボール挟み飛行機前転の実施方法を説明します

T　次はボールを脚で挟み，両手を横に広げて飛行機前転をしましょう。
C　挟むのが難しいです！
T　脚で挟むのが難しい人は，脚の上の方，付け根あたりでボールを挟ん
　　でみましょう。

> **···　運動の愉しさを引き出す言葉がけ（補充）**

あごと首をつけてやってみよう！

　前転のポイントはおへそを見ながら後頭部をマットに着くことです。身体
を丸めることでスムーズに回転できます。しかし，このポイントだけでは身
体を丸めることがわからない子もいます。そんな時は，あごと首をつけるこ
とを伝えます（p.51も参照）。より具体的なポイントによって，身体を丸め
られるようになります。

3 ボール転がし前転

準備物 マット，ボール

　ボールを転がして前転をします。ボールを扱うので，道具を扱う感覚である分化能力が鍛えられます。また，スムーズに回転し，素早く起き上がらないとボールが遠くに転がって行ってしまうので，連結能力も鍛えられます。

伸ばす力　バランス　リズム　反応　定位　識別・分化　変換　連結

1 ボール転がし前転の実施方法を説明します

T　ボールを転がします。転がしたら素早く前転をし，起き上がったらボールを捕りましょう。ボールの上に乗らないように注意してね。

2 運動を行います

3 動きを変化させて行います

T　次はボールを足で蹴ります。蹴ったら素早く前転をします。起き上がったら足でボールを止めましょう。

4 より発展的な運動を行います

T　次はボールを上に投げます。投げたら素早く前転をし，起き上がった
　　らボールを捕りましょう。捕りやすくするためには，どこにボールを
　　投げたらいいかな？

C　少し前に投げる！

T　そうだね，前転をしたら前に進むから少し前に投げると捕りやすいね。

> ••• 　運動の愉しさを引き出す言葉がけ（発展）

マットの上で捕れるかな？

　ボール転がし前転の際，ボールをマット上で捕れるように力加減を調整し
てみるとさらに難易度が上がります。転がす力が強すぎると遠くに転がって
いってしまい，かといって弱すぎるとボールを背中で踏んでしまうことがあ
ります。何度も繰り返し行い，力加減を調節する経験を増やしましょう。

4 手押し車前転・手押し車倒立前転

動画解説

準備物 マット

手押し車で体幹のバランス感覚が，身体をスムーズに丸めることで連結能力がそれぞれ鍛えられます。また，ペアで手押し車を行うことで，お互いが相手の動きに合わせる必要があります。その際，外的なリズムに合わせるリズム能力も鍛えられます。

伸ばす力 バランス リズム 反応 定位 識別・分化 変換 連結

1 手押し車前転の実施方法を説明し，運動を行います

T　ペアで手押し車をしましょう。手押し車のポイントは，前の人の進むスピードに後ろの人が合わせることです。マットまで進んだらおへそを見て，頭の後ろをマットに着いて前転をしましょう。それではやってみましょう。

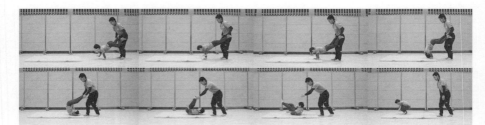

2 難しい子には別の方法を教えます

C　手押し車でマットまで進めません。

T　手押し車が難しい人は，後ろの人が膝あたりを持ってあげましょう。

T　　足首よりも膝を持つ方が，前の人が楽になります。

3　手押し車倒立前転の実施方法を説明し運動を行います

T　　手押し車でマットまで進んだら，後ろの人が足を持ち上げて倒立姿勢
　　　にしてあげましょう。前の人は両手の間のマットを見ます。マットを
　　　見ることで身体がまっすぐになります。5秒数えたらおへそを見て，
　　　前転をしましょう。おへそを見ると身体が丸まります。

4　倒立が難しい子たちは，3人グループにして行います

C　　倒立にできません。

T　　難しければ3人1組になって，後ろの人を2人にしてやってみましょ
　　　う。片足ずつ持ちます。同じスピードで進むことを忘れずに。

… 運動の愉しさを引き出す言葉がけ（発展）

片足は持たないでやってみよう！

　動きに慣れてきたら，後ろの人が両足を持つのではなく，片足しか持たな
い補助の形でやります。前の人は自分で足を維持しなければなりません。よ
り倒立に近い動きとなります。発展的な内容としてチャレンジしてみてくだ
さい。

器械運動

5 壁歩き

準備物　マット

　逆さの感覚を愉しみながら，倒立につながる運動です。壁を使って逆さの状態を維持するので，「バランスを維持し続ける」というバランス能力を鍛えることができます。また，逆さ状態で手足を連動させて動かすので，連結能力も同時に鍛えられます。

伸ばす力　バランス　リズム　反応　定位　識別・分化　変換　連結

1 実施方法を説明します

T　壁に背中を向けて立ちます。そのまま手をマットに着き，足裏で壁を登りましょう。手はなるべく壁に近づけます。近づけすぎると倒れてしまうので，倒れない程度に近づけましょう。その姿勢のまま，手と足を横に動かし，横に進みましょう。

2 注意点を説明します

T　問題です。おへそを見たら身体は丸くなってしまいます。壁歩きをする時はどこを見たらいいかな？

C　前ですか？

T　そうだね。手と手の間のマットを見るようにしましょう。そうすれば身体がまっすぐ伸びてバランスが取りやすくなります。それではやってみましょう。（１人２〜３回実施）

3　運動を変化させて行います

T　次は壁倒立をやってみましょう。同じように壁に背中を向けて立ったらマットに手を着いて壁を登っていきます。なるべく壁に手を近づけましょう。倒立ができたら手と手の間のマットを見て，脚に力を入れて止まりましょう。10秒数えたらおへそを見て前転をします。それではやってみましょう。

⋯　運動の愉しさを引き出す言葉がけ（補充）

まずは低くても OK です！

　壁歩きでは壁登りが難しく感じる子もいます。そんな子には，登るのは低くても構わないことを伝えましょう。徐々に高く登れるようになれば OK です。ただし，低すぎると肩に必要以上の負担がかかることもあります。適切な高さにテープを貼り，目安をつくってあげるとやりやすいでしょう。

6　バランスチェア

準備物　鉄棒

　鉄棒という不安定な場所に座ることで，バランス能力を鍛えることができます。また，座るまでの過程は動きながらいかにバランスを保つかが課題です。「維持しているバランスを維持し続ける能力」と「崩れたバランスを整える能力」の２つの能力を鍛えることができます。

伸ばす力　バランス　リズム　反応　定位　識別・分化　変換　連結

1　実施方法を説明します

T　　まずはツバメのポーズ（腕を伸ばした支持姿勢）になります。片脚を前に出し，手は脚の外側の鉄棒を握ります。バランスを整えたら逆脚を前に出します。同じく，手は脚の外側の鉄棒を握ります。できそうであれば手を鉄

棒から離してバランスをとってみましょう。

2　運動を行います

T　　それではやってみましょう。

3　上手にできる方法を出し合います

T　座る時，どうしたらバランスをとって座っていられるかな？

C　フラフラしない！

T　そうだね，フラフラしないようにするためには，身体をどうしたらいいと思う？

C　頭を動かさない？

T　そうだね。人間の頭は重たいから，頭がフラフラ揺れちゃうとバランスが崩れてしまいます。上手になるためには，まっすぐ前を見て座ることを意識してみよう。

・・・　運動の愉しさを引き出す言葉がけ（補充）

少しずつで OK，できたら片手ずつ離してみよう

　バランスが維持できない子は，座ることがとても怖く感じます。怖い子は補助を頼っても OK です。でも，慣れてきたら片手ずつ補助を離しましょう。いきなり両手ではなく，まずは片手だけ。突然上達することはありません。少しずつステップを踏みながら上達していくのです。

7 忍者修行

準備物　鉄棒

腕を曲げて鉄棒に身体を引き寄せる感覚を鍛える運動です。鉄棒に身体を引き寄せる感覚がつかめるようになると，逆上がりなどの技の上達につながります。忍者修行を通して，身体をスムーズに動かす連結能力を鍛えていきましょう。

伸ばす力　**バランス**　リズム　反応　定位　識別・分化　変換　**連結**

1 実施方法を説明します

T　まずは豚の丸焼きをします。横向きに鉄棒にぶら下がります。鉄棒に脚をかけたら，腕を曲げて鉄棒におでこをつけましょう。10秒維持したら脚を鉄棒から離して下ります。

2 運動を行います

T　それではやってみましょう。

3 運動を変化させて行います

T　次はこうもりの姿勢で鉄棒におでこをつけて10秒止まりましょう。

器械運動

4　運動の目的を伝え，より意欲を引き出します

T　次は立った姿勢で鉄棒を握ります。そのままあごを鉄棒につけてぶら下がります。鉄棒に身体を近づけるのが上手くなるとどうなるかな？

C　筋肉が強くなる？

T　それもあるけれど，実は他の技にもつながります。逆上がりは鉄棒におへそをつけるよね。腕が曲がらなかったらおへそをつけられないよね。だからこの運動をしているんだ。さぁやってみよう！

> **⋯**　運動の愉しさを引き出す言葉がけ（補充）

脇を締めてやってみよう！

　脇を締めることで，上半身全体を固めることにつながります。腕だけの力ではなく，上半身を連動させて固める感覚が身につきます。小学生の年代は筋力ではなく，感覚を鍛えましょう。この運動も腕の力を鍛えることが目的ではなく，上半身のすべてを使って鉄棒に身体を引き寄せることが目的です。

8 ダッシュジャンプ

準備物 ラバーリング，ケンステップなど

目標物までの距離感を測る定位能力を鍛えることができます。走りながら距離感を正確に測ることが，跳び箱運動の踏み切りにつながります。跳び箱運動は踏み切りが鍵を握っています。正確に距離を掴めるようになって，高く跳べるようにしたいですね。

伸ばす力　バランス　リズム　反応　定位　識別・分化　変換　連結

1 実施方法を説明します

T　思い切り走り，途中にあるリングに足を入れましょう。スピードは落とさずになるべく速く走ります。

2 運動を行います

T　それでははじめます。よーいドン！（2往復程度）

C　　リングを踏んじゃいました！

T　　一歩を小さくしたり大きくしたりして，リングに合わせてみよう！

3　発展的な内容を説明します

T　　次はリングに両足で入りましょう。もちろん走るスピードは変えず，思い切り走ってくださいね。

4　発展的な内容を説明し，どんな運動につながるかを考えます

T　　さらに両足でリングに入ったら，大きくジャンプしましょう。さて，この運動は何につながるかな？

C　　跳び箱！

T　　そうだね，跳び箱につながります。大きなジャンプをするためには，小さなジャンプをしてリングに入ることがポイントです。それではやってみましょう。

••• 運動の愉しさを引き出す言葉がけ（発展）

目を閉じてやってみよう！

　目で見た距離を正確に測れるようになったら，次は目を閉じてやってみます。自分の歩幅の感覚に頼ることで，より自分の身体を思い通りに動かせるようになります。ただし，実施する際は十分なスペースを用意し，隣の子との衝突に注意してくださいね。

| 対 象 | 低学年 | [運 動] | 器械運動領域 |

動画
解説

⑨ ペア前回り

| 準備物 | 鉄棒 |

　相手と動きを合わせるためには，リズム能力が必須。外的なリズムに自分の動きを合わせることで，リズム能力が鍛えられます。また，身体を丸めたり，タイミングよく腕に力を入れてぶら下がったりする必要もあるため，連結能力も鍛えられます。

伸ばす力　バランス　リズム　反応　定位　識別・分化　変換　連結

1 実施方法を説明します

T　まずは1人ずつ前回りをしましょう。ツバメのポーズ（腕を伸ばした支持姿勢）で一度止まります。その後，おへそを見て身体を丸めて前に回転しましょう。着地の時はゆっくりと音を立てずに。

2 運動を行います

C　先生，怖いです。

T　怖い子は，友達か先生が手伝います。その際，どうしてもらえたら怖くないかを伝えましょう。

3 ペア前回りの実施方法を説明し運動を行います

T　ペアで同じ速さで前回りをしましょう。ツバメのポーズをするところから着地まで，ピタリと揃えることを目指しましょう。

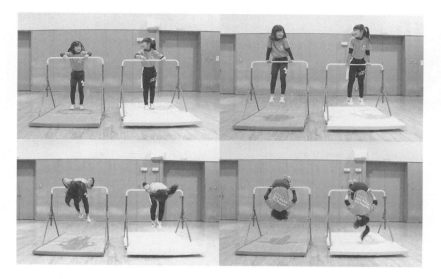

4　動きを揃えるポイントを確認します

T　どうすれば揃えられるかな？

C　2人で声をかける！

T　そうだね，声に出すことで気持ちも伝わるからね。声を出してタイミングを揃えてみましょう。

・・・　運動の愉しさを引き出す言葉がけ（発展）

人数を増やしてやってみよう！

　2人で揃えることができたら次は3人，4人と徐々に人数を増やしてみましょう。人数が増えれば増えるほど難易度は高まります。その時のポイントは，得意な子が苦手な子に合わせること。スポーツは相手のことを思いやることが成功や上達の秘訣です。学級経営にもつながる考えです。

動画
解説

10　手つなぎ前転

　友達と手をつないで前転をするので，友達にタイミングを合わせる必要があります。そのため，タイミングを合わせる能力であるリズム能力が鍛えられます。また，回転後にすっと起き上がることが必須なので，スムーズに身体を動かす連結能力も鍛えられます。

伸ばす力　バランス　リズム　反応　定位　識別・分化　変換　連結

1　実施方法を説明します

T　ペアで手をつないで前転をします。タイミングやスピードを揃えて回転しましょう。タイミングやスピードが違うと，隣の人に腕を引っ張られてしまい危険です。お互いに気をつけましょう。それと，前転をするときはおへそを見て，頭の後ろをマットに着くことを忘れずに！

2　運動を行います

T　それではやってみましょう。（4〜5回程度実施）

3　運動に変化を加えて行います

T　次は3人でやってみましょう。3人ができたら4人，5人と少しずつ人数を増やしていきましょう。

4 さらに運動に変化を加えて行います

T　次は３人で，腕を自分の前で交差させてから手をつなぐようにしてください。自分の左手は右側と左側，どちらの人とつなぎますか？

C　うーん，右側？

T　正解です！友達と教え合いながらやってみましょう。

⋯⋯ 運動の愉しさを引き出す言葉がけ（補充）

怖い子は外側，起き上がるのが難しい子は真ん中！

　手をつないで前転するのが怖い子は外側に配置してマットに手を着けるようにしてあげましょう。起き上がることが難しい子は，真ん中にして，両側の子に引っ張ってもらいましょう。手つなぎ前転はどこにどのような子を配置するかで効果が変わります。意図をもって配置しましょう。

11 リアクション前転

動画解説

準備物 マット

前転は，身体を丸めて後頭部をマットに着ければスムーズに回転できます。回転後にスムーズに起き上がるためには，思い通りに身体を動かすことが必須。リアクション前転は，連結能力が鍛えられるゲームです。

伸ばす力　バランス　リズム　反応　定位　識別・分化　変換　連結

1 実施方法を説明します

T　先生がチョキを出したら前転，パーを出したら飛行機前転，グーを出したら腕組み前転をしましょう。

※飛行機前転・腕組み前転の詳細は p.50 を参照。

2 運動を行います

T　それではやってみましょう。（1人3，4回程度行う）

3 運動に条件をつけて行います

T　次は，先生の手に勝つ前転をしてください。先生がグーを出したら，グーに勝つのはパーだから，飛行機前転です。チョキを出したらグーだから，腕組み前転です。パーを出したら？

C　パーに勝つのはチョキだから，前転！

T　その通り！それではやってみましょう！

4 条件を変化させて行います

T　次は，先生の手に負ける前転をしてください。グーを出したら？

C　グーに負けるのはチョキだから，前転！

T　そうだね。じゃあ，間違えないようにやってみよう！

・・・ 運動の愉しさを引き出す言葉がけ（補充）

まずはゆっくり考えてみようか！

　最初はゆっくり，正確に考えることを伝えましょう。反射的に動くのではなく，思考を挟むことを大切にしてください。慣れてきたら，少しずつ速くしていきましょう。ゆっくり考えることで成功体験も積むことができ，より次への意欲につながりやすくなります。

12 鉄棒じゃんけん

準備物 鉄棒

鉄棒の技をしたままじゃんけんをします。それぞれの技の姿勢を維持するので，バランス能力が鍛えられます。また，長時間1つの技を維持することで，より自分が楽な姿勢を探すことになります。そのため，身体をスムーズに動かす連結能力も鍛えられます。

伸ばす力 **バランス** **リズム** 反応 定位 識別・分化 変換 **連結**

1 実施方法を説明します

T　まずはツバメのポーズ（腕を伸ばした支持姿勢）になります。そのまま言葉でじゃんけんをしましょう。勝った人は先に前回りをします。負けた人は，勝った人が着地してから前回りをしましょう。

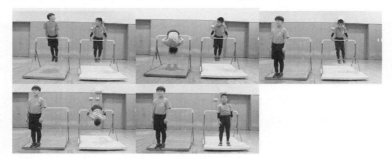

2 運動を行います

T　それではやってみましょう。

3　運動の変化を説明します

T　次は勝った人は同じです。負けた人は前回りをせず，そのままツバメ
　　のポーズをしてください。

C　負けた人は下りられないの？

T　勝った人が下りたら次の人が来るので，次の人とじゃんけんをしまし
　　ょう。勝つまで下りられません。

4　より発展した運動を行います

T　次はこうもり（鉄棒に膝をかけた姿勢）でじゃんけんをしましょう。
　　怖ければ片手，怖くなければ両手を鉄棒から離してやります。

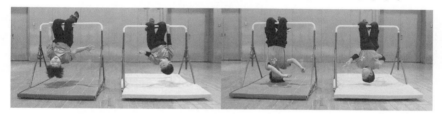

> ・・・　**運動の愉しさを引き出す言葉がけ（発展）**

負けたら前回りをしましょう！

　今回はゲームとして，「勝ったら前回り」「勝ったらこうもりから下りる」
と紹介しました。慣れてきたら「負けたら前回り」「負けたらこうもりから
下りる」と条件を変化させましょう。やっていることは同じですが，条件が
変わることで新鮮さを感じます。少しの工夫で愉しくなります。

Column 2 楽しいと愉しいの違い

　私たちのコンセプトは「愉しいを創る」です。

　楽しいではなく「愉しい」にしているのには理由があります。
　愉しいは，心を表す「りっしんべん」と，不要なものを取り除くという意味の「兪」が組み合わさった漢字です。つまり心の中の心配ごとや不安なことなどの不要なものを取り除き「心からたのしむ」と私たちは捉えています。

　「愉しい」があれば，継続でき，継続できると習慣になり，力となります。運動に限らず，人生を充実させるために必要なことはなんでしょうか？
　もちろん「できなかったことができるようになる」など能力や技能の獲得が大切だと考えることもできます。
　しかし，それよりも大切なのは，「愉しい」ではないでしょうか？　できる，できないではなく，できないからこそ愉しい，友達とできるから愉しい。愉しいの感覚や条件は人それぞれ違います。子ども一人ひとりにあった「愉しい」が大切です。
　子どもが愉しい，生き生きする場面を思い出してみてください。
　そこには「学びたい」，「もっとやってみたい」「もっとこうしたらいいかも」と子どもたちの前向きな挑戦が生まれています。挑戦することで，多くの学びと出会うことができます。失敗とも向き合います。その失敗から何かを学び，そしてまた挑戦するというプロセスを経て，どんどん成長していきます。
　子ども自身が「愉しい」と思えることを見つけ，沢山の挑戦をさせ，失敗を認める。そんな優しい心で子どもを見守れると素敵です。
　私たち大人は，子どもたちの愉しいを見つける助けをする。これが仕事だと考えています。

コーディネーションを取り入れた
運動&ゲームメニュー

陸上運動
領域

動画
解説

1 ラダー

準備物　ラダー（ケンステップやラバーリングでも代用可）

> 　走りながらバランスを保つ能力を鍛える運動です。自分の身体を動かすリズム感や，身体をスムーズに動かす連結能力も鍛えられます。本文で紹介する以外にも様々なステップがありますので，詳しくは動画をご覧いただき，様々なステップを子どもたちに伝えてあげてください。

伸ばす力　(バランス)　(リズム)　反応　定位　識別・分化　変換　(連結)

1　実施方法を説明します

T　ラダーを踏まずに走りましょう。まずは「中・中・外・外」とステップを踏みます。速くやることよりも，ラダーを踏まずに，正確にステップを踏むことが大切です。

2　運動を行います

T　それではやってみましょう！（1往復行う）

3　ステップを変化させて行います

T　次は「中・中・外」とステップを踏みます。さっきのステップと何が
　　違うかな？

C　外が１回になってる！

T　そうだね，外が１回になっています。さっきとの違いを考えながらや
　　ってみましょう。まずはゆっくり，踏まないように気をつけて。

4　もう一度運動を行います

⋯　運動の愉しさを引き出す言葉がけ（補充）

（失敗したら）次は気をつけてやってみよう！

　「ラダーを踏んではいけない」と頭では理解していても，身体が思うよう
に動かず，ついつい踏んでしまう子がいます。「踏んじゃダメだよ」と否定
するのではなく，「次はもっと気をつけてやってみよう！」と次への期待を
します。わざと踏んでいる子どもはほとんどいないはずですよね。

2 棒になれ!

動画解説

準備物 なし

体幹に力を入れて身体をまっすぐに保つので,バランス能力が鍛えられます。また,倒れ込んでからスムーズに走り出すことで,連結能力も鍛えられます。腰が曲がると力が抜けてしまうので,棒になったつもりで全身をまっすぐに保つ感覚を鍛えていきましょう。

伸ばす力 （バランス） リズム 反応 定位 識別・分化 変換 （連結）

1 実施方法を説明します

T　ペアでやります。1人が気をつけの姿勢のまま前に倒れこみましょう。もう1人が立膝の姿勢で相手の肩を支え,倒れないように押さえましょう。なるべく大きく倒してあげてください。

2 運動を行います

T　それではやってみましょう！（1~2分程度で役割交代）

3 身体をまっすぐにするためのポイントを確認します

T　どうすれば身体をまっすぐにできるかな？
C　お腹に力を入れる！

T　　そうだね，それも大切なことです。
　　　あとはまっすぐ前を見ると身体を伸ばせます。あごを引かずにやって
　　　みましょう。

4　変化を加えて運動を行います

T　　次は3回目に倒れた時に支えません。転びそうになる直前で足を一歩
　　　前に出して走り始めましょう。

・・・　運動の愉しさを引き出す言葉がけ（補充）

3人組でやってみよう！

　倒れる人は転倒する怖さを感じ，倒れこみが甘い時に足が出てしまうこと
があります。そんな時は3人1組で，支える人を2人体制でやってみましょ
う。さらに倒れる前から肩を押さえてあげましょう。そうすることで安心し
て倒れることができ，バランスのとれた姿勢を学ぶことにつながります。

3 足入れ替えジャンプ

準備物 なし

　足を入れ替えることで重心が変わります。そのためバランスを移し変えることになりますので、バランス能力が鍛えられます。また、リズムよく入れ替えることでリズム能力が、身体をスムーズに動かす連結能力がそれぞれ鍛えられます。

伸ばす力 **バランス** **リズム** 反応 定位 識別・分化 変換 **連結**

1 実施方法を説明します

T　まずは腕立て伏せの姿勢になります。床に手を着き、脚を伸ばします。この時になるべくお尻は上げないようにしましょう。

2 運動を行います

T　それではやってみましょう！

3 運動を変化させてもう一度行います

T　次は立って足を前後に開きます。ジャンプをして入れ替えましょう。

4　動きのポイントを確認します

T　次は立って片足立ちになり，片方の足は前です。
　　ジャンプをして入れ替えますが，着地でフラフラしないためにはどう
　　したらよいかな？

C　頭を動かさない！

T　そうだね，頭は重いから，頭が動いてしまうとフラフラするね。まっ
　　すぐ前を見て，フラフラしないように気をつけてみましょう。

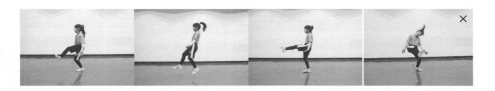

⋯　運動の愉しさを引き出す言葉がけ（発展）

目を閉じてやってみよう！

　動きに慣れてきたら目を閉じてやってみましょう。目を閉じることでより
バランスを保つことが難しくなります。両目が難しければ片目だけ閉じて取
り組んでみてもおもしろいですね。ただし，周りの子との距離を十分にとっ
て，安全を確保した上でやるようにしてください。

4 変形ダッシュ

準備物　マーカーコーン

　前向きに走るだけでなく，横向きや後ろ向きで走ることでバランス感覚を鍛えることができます。バランスのとれた姿勢を維持できるようになります。バランスを維持するためには腕を振ることも大切になるので，腕振りの練習にもなります。

伸ばす力　バランス　リズム　反応　定位　識別・分化　変換　連結

1 実施方法を説明します

T　まずは10m程度，まっすぐ前に走りましょう。

2 運動を行います

T　それでははじめます。よーいスタート！（1〜2往復程度）

3 運動を変化させて行います

T　次は横向きで走りましょう。右向きで走ったら，次は左向きです。よーいスタート！（1〜2往復程度）

4　次の動きのポイントを理解させてから行います

T　次は後ろ向きで走りましょう。
　　後ろ向きでスピードを出しすぎ
　　るとどうなるかな？

C　転んじゃう？

T　そうだね，後ろに転ぶと頭の後
　　ろをぶつけて危ないね。まずは
　　ゆっくり走って転ばないように
　　気をつけてみよう。慣れてきたら徐々に速く走ってみよう。

5　動きの難易度を上げて行います

T　次は回転しながら走りましょう。走り終わった時に目が回っているか
　　もしれないから気をつけてね。フラフラしないように走るためにはど
　　うしたらいいかな？

C　頭を動かさない！

T　そうだね，頭は重いから，頭が動いてしまうとフラフラするね。頭を
　　フラフラさせないように気をつけて走ってみましょう。慣れてきたら
　　速く，回る回数も多くしていきましょう。

> ●●●　**運動の愉しさを引き出す言葉がけ（発展）**

合図で逆回りにしてみよう！

　回りながら走る時，途中で笛や拍手の合図を出してみましょう。合図がし
たら逆回りにします。時には2回続けて合図を出し，結果的に回る方向が変
わらない，3回続けて合図を出して考えさせるといった工夫があると，より
子どもは動きに熱中し，愉しめることでしょう。

5　リアクションダッシュ

動画解説

準備物　マーカーコーン

　　合図に応じたアクションを行ってから走る運動です。2つの選択肢から1つを選択して走るので，反応能力が鍛えられます。反応能力の中でも「刺激に対して反応する」という単純反応能力ではなく「選択肢から選んで反応する」という選択反応能力が鍛えられます。

伸ばす力　バランス　リズム　**反応**　定位　識別・分化　変換　**連結**

1　実施方法を説明します

T　先生の合図で10m走ります。走る前に先生が指さししている方向へ，その場で回りましょう。右を指さししていたら右に一回転，左をさしていたら左に一回転します。回転をしたら10m走りましょう。

2　運動を行います

T　それではやってみましょう。（1～2往復程度実施）

3　運動を変化させて行います

T　次は上下も増やします。上をさしたらその場でジャンプをします。
　　ジャンプしながら頭上で拍手もしてください。下をさしたら床（地面）を両手でタッチしてください。それではやってみましょう。

4　さらに運動を変化させて行います

T　次はさした方向とは反対のことをします。右をさしたら？
C　左に回る！
T　正解！上下も反対のことをしましょう。それではやってみましょう。

・・・　運動の愉しさを引き出す言葉がけ（発展）

２つの動きを組み合わせてみよう！

　慣れてきたら両手で指さししましょう。上と右をさしたら上にジャンプと右に回転してから走ります。順序は問いません。また，「さした方向とは90度時計回りに回転したところをやる（上だったら右など）」「指さししていないところをやる」など，バリエーションは無限です。

6 パーセントダッシュ

動画解説

準備物 マーカーコーン

力加減を調節する能力を鍛えます。どのくらいのスピードで走ったら適切かを考えながら走るので，身体をスムーズに動かす連結能力が鍛えられます。友達と一緒に走ることで，自分の走るスピードも客観視しやすくなります。

伸ばす力 バランス リズム 反応 定位 識別・分化 変換 連結

1 実施方法を説明します

T　先生の合図で20m走ります。まずは全力で走ってください。

2 運動を行います

T　それではやってみましょう。（1往復程度実施）

3 運動を変化させて行います

T　次は半分の力で走ってみましょう。半分は何パーセントですか？

C　50パーセント！

T　そうです，スピードの出し過ぎには注意です。やってみましょう！

陸上運動

4　さらに運動を変化させて行います

T　次は75パーセント，90パーセント，100パーセントでやってみましょう。最後に95パーセントでやってみます。

5　運動のポイントを確認します

T　どのパーセントがスムーズに走れた？
C　90パーセントくらいが走りやすかった！
C　全力だとなんかうまく走れなかったな…
T　そう，全力だと力が入りすぎちゃってスムーズに走れないんだ。90，95パーセントのように，少し力を残すと力まずに走れるよ。

⋯⋯　運動の愉しさを引き出す言葉がけ（補充）

タイムを計ってみよう！

　仮に20mを全力で走ると5秒だったとすると，簡単に考えれば50パーセントで走るということは2倍の時間がかかります。そのため10秒ですね。ペアでタイムを計って，具体的な数字で示してあげることで，力加減が掴みやすくなります。

動画
解説

7 アニマルダッシュ

準備物　マーカーコーン

　様々な動物の動きから起き上がって前に走ります。身体の動かし方が変わるので，動きの切り替えが必要です。身体をスムーズに動かす連結能力が鍛えられます。また，低い姿勢から徐々に上体を起こすという，短距離走の走り方にもつながっていきます。

伸ばす力　**バランス**　リズム　反応　定位　識別・分化　変換　**連結**

1　実施方法を説明します

T　クマ歩きをしましょう。マーカーコーンまで進んだら立って走りましょう。クマから立って走る時は止まらずすぐに走ります。

2　運動を行います

T　それではやってみましょう。（1往復程度実施）

3　運動のポイントを確認します

T　クマから起き上がって走る時，身体はまっすぐ立てたほうが速い？
　　それとも頭を前にした方が速いかな？

C　頭を前にしたほうが速かったな。

T　　そうだね，いきなりまっすぐ立っちゃうとスピードがなくなっちゃうね。走りながら少しずつ立てるようにしてみよう。

4　運動を変化させて行います

T　　うさぎやアザラシ，カンガルーもやりましょう。（各１往復程度実施）

•••　運動の愉しさを引き出す言葉がけ（発展）

他にどんな動物がいるかな？

　動物の動きを子どもに提案してもらいましょう。子どもは色々な動きを提案してくれることでしょう。その時の注意点は，提案してくれた子に否定的な言葉がけをしないこと。目的は愉しく身体を動かすことなので，その動きを一緒にやるくらいの姿勢でいてください。

8　いろいろスキップ

動画
解説

準備物　マーカーコーン

> この運動は，スキップのリズムを身体で覚えることができます。また，股関節を大きく動かすことでストライドを広くすることにもつながります。条件を加えたスキップをするので，リズム能力や，身体をスムーズに動かす連結能力を鍛えることができます。

伸ばす力　バランス　リズム　反応　定位　識別・分化　変換　連結

1　実施方法を説明します

T　スキップで10m先にあるマーカーコーンまで進みましょう。

2　運動を行います

T　それではやってみましょう。（1往復程度実施）

3　運動を変化させて行います

T　次は横向きや後ろ向き，回転しながらスキップをしてみましょう。

4　高さや一歩の大きさを変化させて行います

T　　上に高くスキップ，前に大きく進むスキップをやってみましょう。

5　運動のポイントを確認します

T　　高く跳ぶスキップ，前に大きく進むスキップはどこをどのように動か
　　　したらいいかな？

C　　膝を上とか前に動かす！

T　　そうだね，膝を大きく動かすことで股関節（足のつけ根）が大きく動
　　　くようになって，一歩が大きくなるね。そうすると足も速くなるんだ
　　　よ。

・・・　運動の愉しさを引き出す言葉がけ（補充）

手をつないでやってみよう！

　特に横向きや後ろ向きのスキップは，リズムをつくりづらく，思うように
スキップができないことがあります。そんな時はスムーズにスキップができ
る人と手をつないでやること。友達にリズムを導いてもらうことで，スキッ
プのリズムがわかりやすくなります。

動画
解説

9 リズムもも上げ

準備物　なし

　簡単な動きと簡単な動きを組み合わせることで少し難しい運動になるという，まさにコーディネーション運動のおもしろさを実感できる運動です。右足と左足を思い通りに動かす練習になるので，連結能力が鍛えられます。リズムよく，ももやかかとを上げていきましょう。

伸ばす力　バランス　**リズム**　反応　定位　識別・分化　変換　**連結**

1　実施方法を説明します

T　その場で駆け足をしましょう。右膝だけ高く上げて，リズムよく，止まらずに行いましょう。

2　運動を行います

T　それではやってみましょう！（左右両方10〜20回程度行う）

3　運動を変化させて行います

T　次は同じリズムで右足のかかとをタッチしましょう。同じく，慣れてきたら左足もやりましょう。

4　さらに運動を変化させて行います

T　次は「１，２，３」のリズムでやります。１の時に膝を上げ，３の時にかかとをタッチしましょう。右の膝，右のかかと，左の膝，左のかかと，と，交互に上げたりタッチしたりするようにします。

T　まずはゆっくり歩くようにやってみましょう。

… 　運動の愉しさを引き出す言葉がけ（発展）

走りながらやってみよう！

まずはその場から移動せずにやってみましょう。スムーズにできるようになってきたら，移動しながらやります。移動も，前に走りながら，横に走りながら，後ろに走りながら，回転しながらなど，様々な移動方法があります。普段やらないことをやることで，コーディネーション能力が鍛えられます。

動画解説

10 ライン通過ゲーム

準備物 マーカーコーン

　相手と自分の距離感を正確に測り，定位能力を鍛えることが成否の鍵を握っています。ラグビーやサッカーなどでも，相手との距離を正確に測ることができれば，相手を抜いたり，止めたりすることができます。ライン通過ゲームで距離を正確に測る練習をしましょう。

伸ばす力　バランス　リズム　反応　定位　識別・分化　変換　連結

1 実施方法を説明します

T　攻撃と守りに分かれます。守りの人はマーカーコーンとマーカーコーンの間を移動しながら相手をタッチしましょう。攻撃はタッチされないようにラインを通過しましょう。

2 運動を行います

T　　それではやってみましょう！（２～３分程度で役割交代）

3 ラインを突破できている子を見本に選び全員に見せます

T　　ラインを通過できている子はどんな動きをしているかな？

C　　速く走っている！

C　　１回，反対の方に動いてるね。

T　　そうだね，右に行くと見せかけて左に行ったりしているね。これをフェイントと言います。フェイントが使えるようになると，サッカーやバスケットボールでも相手をかわすことができるようになります。次はフェイントを使って通過してみよう。

4 もう一度運動を行います

┅┅　運動の愉しさを引き出す言葉がけ（補充）

失敗しても大丈夫，何度もチャレンジしてみよう！

　タッチされることを恐れてなかなかチャレンジできない子がいるでしょう。そんな時は「失敗しても大丈夫！」と前向きな声かけをしましょう。チャレンジしないことが最大の失敗。タッチされてもやり直せばOK。どんどんチャレンジしていくうちに通過のタイミングやコツを掴めるようになります。

動画
解説

11 じゃんけんしっぽ取り

準備物 マーカーコーン，タオル（ビブスでも代用可）

じゃんけんの結果次第で行動を変えるため，反応能力が鍛えられます。2つの選択肢から選んで行うので，「選択反応能力」を鍛えることにつながります。また，タッチされないように相手の動きに合わせて自分の動きを変えていく必要があるので，変換能力も鍛えられます。

伸ばす力 バランス リズム **反応** **定位** 識別・分化 **変換** 連結

---

1 実施方法を説明します

T　1対1で行います。スタートラインから中央に向かってお互い走り，中央でじゃんけんをします。勝った子は自分が走り始めたスタートラインへ走って戻ります。負けた子は勝った子を追いかけてしっぽを取ります。逃げ切れるかしっぽを取れるかが勝負の分かれ目です。

2 運動を行います

T　それではやってみましょう。（2～3回程度実施）

3　運動を変化させて行います

T　　次はじゃんけんで勝った子は自分が走り始めたスタートラインではなく，相手が走り始めたスタートラインへ逃げましょう。

4　フェイントの重要性を考えさせます

T　　しっぽを取られずに逃げ切るためにはどうしたらいいかな？

C　　うーん，フェイントを使う？

T　　そうだね。右に行くと見せかけて左に行く，つまり相手をだますのがフェイントだよ。反対側への切り返しを何回も使ってみよう。

> **…　運動の愉しさを引き出す言葉がけ（補充）**

横幅を広くしてやってみよう！

　縦長の長方形を範囲として行うと，横に逃げる幅が狭くなり，逃げ切る難易度が高くなります。逃げきれない子は何度やっても逃げきれないという現象が発生するかもしれません。そんな時は横長の長方形でやってみましょう。逃げる範囲が広くなるので，やや難易度を下げることができます。

12 ネコとネズミ

動画
解説

準備物 マーカーコーン

このゲームでは，２種類の合図に素早く・正確に反応することが求められるので，反応能力を鍛えることができます。また，合図を正確に聴き分けてから素早く起き上がって追ったり，逃げたりするので，連結能力も鍛えることにつながります。

伸ばす力 バランス リズム **反応** 定位 識別・分化 **変換** **連結**

1 実施方法を説明して，運動を行います

T ペアで，背中合わせで長座をします。ネコチームとネズミチームに分かれます。先生が「ネコ」と言ったらネコ役は逃げ，ネズミチームはネコを追いかけてタッチをしましょう。先にあるマーカーコーンまで逃げることができたらネコチームの勝ち，タッチできたらネズミチームの勝ちです。ネズミと言うこともありますのでよく聴きましょう。

2　条件を変化させて行います

T　次は先生が野菜を言ったらネコチームの人が逃げましょう，果物を言ったらネズミチームの人が逃げましょう。

3　さらに条件を変化させて行います

T　次は，先生が偶数を言ったらネコチームの人が逃げましょう。奇数を言ったら逃げるのはどっちですか？

C　ネズミチームですか？

T　そうだね，あとは姿勢をうつ伏せにしてやってみましょう。

💬　運動の愉しさを引き出す言葉がけ（発展）

他にはどんなテーマがあるかな？

「ネコとネズミ」，「野菜と果物」，「偶数と奇数」など，二択に分けられるテーマならばなんでも OK。時には子どもにテーマを考えてもらいましょう。誰もが二択で選ぶことができ，かつ正解がはっきりしている。そんなアイデアを出すことも子どもたちがより愉しめる方法です。

Column 3　運動が苦手な子が，体育の授業に主体的に関わるために

　体育の目的の１つは「運動が大好きになる」ことです。運動に親しみを持ち，生涯にわたり主体的に運動を愉しむことです。大切なのは，主体は「子ども」だということです。では，主体性を引き出すために何が必要でしょうか？　もちろん技術力を高め「できなかったこと」が「できるようになること」はとても大切です。しかし，それだけでは不十分です。「できないこと」が多い技術的に劣る子は，運動を大好きになれないのでしょうか。

　4000人を越える子どもを指導する中で，私たちはあることに気づきました。それは，運動が苦手で，技術的に劣る子でも運動が好きな子が多くいるということです。そのような子どもたちが，友達と一緒にやると愉しい，できないことが愉しい，運動を考えるのが愉しいなど，様々な「愉しい」があることを私たちに教えてくれました。

　苦手な子が運動を好きになるためには，発想力・コミュニケーションが鍵になります。発想力とは，ルールを変えることで，「皆が愉しめる」ようにすること。例えば，サッカーのルールで考えてみましょう。苦手な子が得点に関わった場合に得点を２倍にする。パスを受けた人数分の点数にするなどの工夫で，苦手な子が主体的に関わることもできる可能性が生まれます。コミュニケーションを取り，どのようにしたら上手くいくのかを教えあったり，チーム分けを子どもにさせたり，作戦会議を通して脳で参加することなどもできます。ただ技術力を高めるだけが体育の目的ではありません。

　運動が得意な子，音楽が得意な子，勉強が得意な子…　人間には個性があります。その子の個性を見つめ，子どもたちの発想力・コミュニケーション能力を信じ，意見を聴いてみると，子どもたちは主体的に運動に関われます。

コーディネーションを取り入れた 運動&ゲームメニュー

ボール運動
領域

[運 動]

1 ボールストレッチ

準備物 ボール

ボール運動の基礎となる，ボールを指先で扱う感覚が鍛えられます。座ってストレッチをしながらできる運動です。毎回の授業のウォーミングアップに入れたい運動の1つです。毎回同じストレッチになりがちですが，目を閉じるなど少しの工夫も入れてみてください。

伸ばす力 バランス リズム 反応 定位 識別・分化 変換 連結

1 実施方法を説明します

T　脚を伸ばして座りましょう。膝を伸ばしたままボールを指先で動かして脚の周りを転がしましょう。ボールが遠くに転がっていかないように注意してくださいね。

2 運動を行います

T　それではやってみましょう。（1分程度実施）

3 運動を変化させて行います

T　次は脚を大きく開いてやってみましょう。（1分程度実施）

4 伸ばす部位を変化させて行います

T 次は足の裏同士を合わせ，お尻の方に近づけます。ボールを足の前に置き，徐々に手でボールを前に（遠くに）転がします。膝は立てず，床に近づけてください。さて，これはどこを伸ばしていますか？

C うーん，わかりません。

T 正解は股関節です。股関節の伸びを意識して，それではやってみましょう。（1分程度実施）

••• 運動の愉しさを引き出す言葉がけ（補充）

足の上を転がしてもいいよ！

　身体の硬い子は，長座でのボールストレッチをする際，どうしても爪先の前を転がせず，膝が曲がってしまいます。ボールストレッチで大切なのは，筋肉を伸ばすこと。足の上を転がしても構わないので膝を伸ばすことは必ず意識させましょう。目的を理解させることが大切です。

2 手たたきキャッチ

準備物　ボール

> 「投げる」「捕る」動きを最も多く経験できる運動の1つです。豊富な運動量が確保できるので，ウォーミングアップなどで取り入れましょう。道具を扱う分化能力や，ボールとの距離を測る定位能力などを鍛えることができます。

伸ばす力　バランス　リズム　反応　定位　識別・分化　変換　連結

1　実施方法を説明します

T　1人1球ボールを持ちましょう。真上に投げてキャッチをします。拍手をしてから捕りましょう。まずは1回。できたら2回。どんどん数を増やしていきましょう。

2　運動を行います

T　それではやってみましょう！（2〜3分程度）

3　ボール運動が苦手な子のフォローをします

C　先生，難しいです！
T　難しいなと感じる子は，ボールが1回バウンドしてから捕ってもいい

ですよ。

4　発展的な内容を提示します

C　先生，簡単すぎます！

T　簡単な子は背中の後ろで拍手をしたり，脚の下で拍手をしたり，色々
　なところで拍手をしてみましょう。

運動の愉しさを引き出す言葉がけ（補充）

どうやったらたくさん拍手できるかな？

　ボール運動が苦手な子にとっては，ボールのことよりも，拍手のことを考
える方が気軽に取り組めます。1バウンドしても OK というルールも苦手
な子にとって優しい声かけになるでしょう。ボール運動の基本となる「投げ
る」「捕る」を愉しめるように，ボールに対してのハードルを下げる声かけ
をしていきましょう。

3 走ってキャッチ

　ボールを使うので道具を扱う感覚である分化能力，ボールの動きに合わせて移動して捕るのでリズム能力などが鍛えられます。また，投げる・捕るだけのキャッチボールとは異なり，走る動きも入っているので，運動量を確保できます。

伸ばす力　バランス　**リズム**　反応　**定位**　**識別・分化**　変換　**連結**

1 実施方法を説明します

T　ペアで1球持ちましょう。1人がペアの相手にボールを投げてペアに走って近寄っていきます。ペアにぶつからないように横を回って後方へ走ります。パスを受けた子はパスの出し手が後方へ走り始めたら後方へボールを投げましょう。ボールを投げたら後ろを向きます。走っている子がボールをキャッチできたら成功，動きを繰り返しましょう。

2 運動を行います

T　それではやってみましょう！（1分程度で役割交代）

3 慣れてきたら動きに変化を加えます

T　動きに慣れてきたら1周してスタート位置に戻っていきましょう。後
　ろから投げられるボールをキャッチします。

4 難しい子のフォローをします

T　上手くできない子は，まずは思い切り走らないで，ゆっくり走って，
　近い距離でパスを出したり受けたりしてみましょう。

 　運動の愉しさを引き出す言葉がけ（発展）

ほかにどんな変化があるかな？

　子どもの発想力は無限大です。大人が予想もつかないことを教えてくれま
す。時には子どもの発想力に任せて，面白そうな動きが出てきたら全員で一
緒にやってみましょう。私たちも，走ってから脚の間を通る，片手でキャッ
チするなど，実際に子どもたちに変化のさせ方を教えてもらいました。

4 いろいろ キャッチボール

動画
解説

準備物 各種ボール

　いろいろな投げ方で行うキャッチボールです。道具を扱う分化能力，相手との距離感を測る定位能力はもちろん，ボールを離すタイミングをあわせるリズム能力，スムーズに身体を動かす連結能力も鍛えられます。他にもいろいろな投げ方を考えてみてください。

伸ばす力　バランス　リズム　反応　定位　識別・分化　変換　連結

1 実施方法を説明します

T　ペアでキャッチボールをしましょう。まずは好きな投げ方で OK です。

2 運動を行います

T　それではやってみましょう！（2～3分程度で役割交代）

T　次は利き手とは逆の手で投げてみましょう。

T　次は両手で頭の上や下から投げましょう。

T　次は後ろ向きや，両手で頭の上や脚と脚の間から投げましょう。脚と
　　脚の間から投げる時，どこでボールを離せばノーバウンドで投げられ
　　るかな？

C　お尻のところくらいかな？

T　そうだね，ボールをお尻の高さまで上げられるようにしましょうね。

・・・　　運動の愉しさを引き出す言葉がけ（発展）

ゲームにしてみましょう！

　相手が捕れたら1点加点，制限時間1分のゲームでキャッチボールをして
みましょう。勢いのあるボールを投げることよりも，相手が捕りやすい速さ，
場所へ投げることが大切です。たくさん得点を獲得できるチームは相手が捕
りやすいように投げています。見本に選んで共有しましょう。

5 リアクションパス

動画解説

準備物　ボール

　キャッチボールを通して反応能力が鍛えられます。また，相手のパスに合わせて自分が出すパスの質を変えるので，定位能力が鍛えられます。球技のスポーツは状況判断が大切です。まずは二択のパスを正確に出せるようにし，徐々に難易度を高めていきましょう。

伸ばす力　バランス　リズム　反応　定位　識別・分化　変換　連結

1　実施方法を説明します

T　ペアで1人1球持ってください。ペアの中でリーダーを決めましょう。リーダーがノーバウンドでパスを出したら，リーダーではない人はワンバウンドでパスをします。リーダーがワンバウンドでパスを出したら，リーダーではない人はノーバウンドでパスをします。

2　運動を行います

T　リーダーを決めたらやってみましょう！（1分程度でリーダー交代）

3　難しい子のフォローをします

T　難しかった子は，慣れるまでの間は，投げる前に「せーの」と声をかけてタイミングをわかりやすくしてみましょう。

4　慣れてきたら動きに変化を加えます

T　次はパスをもらう直前に真上に投げて，パスを受けて，パスを返して，真上から落ちてくるボールを捕りましょう。

＊＊＊　運動の愉しさを引き出す言葉がけ（補充）

相手が捕りやすいパスはどんなパスかな？

キャッチボール形式の運動は，相手ありきです。相手がいなければキャッチボールはできません。相手が捕りやすいボールはどんなボールなのか，相手のボール経験の有無や，得意・不得意なども考えた上でパスが出せるようになると，相手を尊重できるようにもなります。

動画解説

6 スペースチェンジ

準備物 ボール

ボールを扱うので道具を扱う能力である分化能力が鍛えられます。また，同じチームの人と同じタイミングで，同じ高さに投げることが求められるので，リズム能力を鍛えることにもつながります。投げたボールを捕ることまでできるように伝えていきましょう。

伸ばす力　バランス　**リズム**　**反応**　**定位**　**識別・分化**　変換　**連結**

1　実施方法を説明します

T　3人組で1人1球ボールを持ちましょう。同じタイミングでボールを上に投げたら左横の人のボールを捕ってください。全員が左横の人のボールを捕れたら成功です。

2　運動を行います

T　それではやってみましょう！（2～3分程度）

3　難しい子へフォローの声かけをします

C　全員がキャッチするのは難しいです。

T　そうだね，難しいね。それではまず，真上に投げて，自分のボールを捕る練習をしてみよう。1つずつ動きを分解して，できることを増やしていこう。

4　動きに変化を加えます

T　慣れてきたらボールを真上に投げるのではなく，下にバウンドさせてみましょう。2バウンドするまでに左横の人のボールを捕りましょう。

> ●●●　運動の愉しさを引き出す言葉がけ（補充）

膝を使って，ぐーーん，ぱっ！

　スペースチェンジは，つい自分の進む方向へボールを投げてしまいがちです。前傾姿勢になっているから仕方がありません。そのような時は膝を柔らかく使って，両手でボールを投げさせると直上に投げられるようになります。膝を柔らかく使えるようにオノマトペを使って声かけしていきましょう。

7 ドリブルストップ

動画解説

準備物　ボール

ボールを足でドリブルするので，道具を扱う感覚である分化能力が鍛えられます。また，合図がしたらすぐにボールを止めるゲームなので，ボールと自分の距離感を図る定位能力や，他の人とぶつからないようにするための変換能力などを鍛えることができます。

伸ばす力　バランス　リズム　反応　定位　識別・分化　変換　連結

1 実施方法を説明します

T　1人1球，足でボールをドリブルしましょう。他の人とぶつからないように気をつけながらドリブルをしましょうね。

2 運動を行います

T　それではやってみましょう！

3　途中でボールを止めた上で合図を出します

T　先生が合図を出したら先生と同じ場所でボールを止めましょう。先生がボールを足で止めたら足で，お尻で止めたらお尻で，お腹で止めたらお腹で止めるようにしましょう。誰が速く止められるかな？

4　再び動き始めます

T　慣れてきたらドリブルはスピードアップ！速くドリブルするようにしましょう。ただし，他の人とぶつかってはいけません。気をつけながら速くドリブルをしましょう。

┅┅　運動の愉しさを引き出す言葉がけ（発展）

誰が速く止められるかな？

　動きに慣れてきたらボールを止めるまでを競争にしましょう。素早くボールを止めることができた子の名前を呼んであげると，素早くボールを止めることへの意欲を高めることができます。なお，右足，左足など，止める足も揃えられるように声かけするとより難易度を高めることができます。

動画
解説

8 宝取りゲーム

準備物 ボール，マーカーコーン

p.94のライン通過ゲームの発展版です。ライン通過ゲームに，ボールを持っている人しかタッチできないという条件を加えました。ボールという条件が加わるので道具を扱う分化能力が鍛えられます。タッチされないような身のこなしをすることで変換能力も鍛えられます。

伸ばす力　~~バランス~~　リズム　反応　定位　識別・分化　変換　~~連結~~

1 実施方法を説明します

T　ライン通過ゲームをチームでやります。ボールを持っている人しかタッチできません。攻撃の人は通過してもパスをしても OK です。

2 運動を行います

T　それではやってみましょう！（2〜3分程度で役割交代）

3　通過できているチームを見本に選びます

T　通過できているチームはどのようにやっているかな？

C　低いところでパスしてる！

T　そうだね，山なりのパスは相手に届くまで時間がかかるね。だから守り役の人も追いついてしまう。パスするなら低くて速いパスだね。

4　なかなか成功できないチームをフォローします

C　何回パスしても通過できません！

T　まずは通過することを考えよう。通過できないからパスかフェイント。大切なのは通過をすることだよ。そこを忘れないようにしよう。

5　条件を変えて行います

T　次はライン通過ではなく，エリア通過です。タッチできる範囲がラインからエリアに変わりました。よりタッチしやすくなるので，フェイントやパスを上手に使って通過しましょう。

···　運動の愉しさを引き出す言葉がけ（発展）

本当に上手な人はどんな人とやっても上手にできる！

　ボール運動が得意な子もいれば苦手な子もいるでしょう。得意な子は成功したいから得意な子同士で組みたがります。なるべくそのような形は避け，得意な子と苦手な子で組ませるようにしましょう。「本当に上手な人は誰とやっても上手なんだよ」と伝え，相手が捕りやすいパスを考えさせましょう。

9 シュートゲーム

動画解説

ボールを足で運ぶことで道具を扱う分化能力を鍛えることができます。また，他の人とぶつからないように気をつけることで，距離感を測る定位能力やぶつからないように状況を見て動くので変換能力が鍛えられます。コーンを置くなど少しずつ条件を増やしていきましょう。

伸ばす力　バランス　**リズム**　反応　**定位**　**識別・分化**　**変換**　連結

1 実施方法を説明します

T　片方のゴールにボールをドリブルで運び，シュートをします。シュートをしたら次は反対側のゴールへドリブルで向かい，シュートをしましょう。この繰り返しです。1回ゴールしたら1点と数えます。友達にぶつからないように気をつけながらドリブルをしましょう。

2　運動を行います

T　それではやってみましょう！（2～3分程度行い，成績発表をする）

3　慣れてきたら環境を変化させます

T　次はマーカーコーンをたくさん置きます。さて，なぜマーカーコーン
　　を置くのでしょうか？

C　敵の代わりにする！

T　そうだね，サッカーでは相手がいるよね。マーカーコーンにぶつかる
　　ということは，相手にボールを取られるということ。ぶつからないよ
　　うに進みましょう。

4　ポイントを確認した後，運動を行います

> ・・・　運動の愉しさを引き出す言葉がけ（補充）

1回目と2回目の得点の差は？

　サッカーを習っている子は，たくさん得点を重ね，いつでも1位になるで
しょう。そんな時はゲームの1回目と2回目の差をポイントにします。1回
目は練習とし，2回目が終わった時に差を計算させます。苦手な子の方が，
伸び代があるで，誰にとっても平等に愉しめるゲームとなります。

10 ボール鬼ごっこ

動画解説

| 準備物 | ボール，ビブス，マーカーコーン |

　ボールを使った鬼ごっこですので，相手との距離感を測る定位能力やボールを使う分化能力などが鍛えられます。状況が刻々と変わるので，変換能力が，相手に合わせる動きをすることでリズム能力が鍛えられる高度な運動になります。

伸ばす力　バランス　**リズム**　反応　**定位**　**識別・分化**　**変換**　連結

1 パターン１の実施方法を説明し，運動を行います

T　4人１組でやります。1人が鬼，鬼はボールを持っている人をタッチしましょう。ボールを持っている人は移動できないので，タッチされる前にパスを出しましょう。ボールを持っていない人は移動できます。誰も捕れないようなパスを出したらパスの出し手が鬼，キャッチミスはミスした人が鬼となります。

T　それではやってみましょう！（1～2分程度実施）

2　パターン2の実施方法を説明します

T　次はボールで鬼をタッチします。3人がパスをつなぎ，鬼を追い詰め
て，ボールでタッチをします。先ほどと同じで，ボールを持っている
人は移動できません。素早いパス回しと，ボールを持っていない人の
動きがタッチの鍵ですね。

3　運動を行います

T　それではやってみましょう！（1～2分程度実施）

💬　運動の愉しさを引き出す言葉がけ（補充）

パスの速さは必要ないよ

　パターン2はタッチすることが難しい場合があります。そのような時，パ
ス自体のスピードよりも，捕ってから投げるまでの時間を短くすることを伝
えましょう。捕ってから考えるのではなく，捕る前に次にどこに投げるかを
考えておく。判断のスピードが大切なゲームです。

11 ボールを守れ!

動画解説

| 準備物 | ボール，マーカーコーン |

　ボールを他の人にとられないように守るゲームです。すぐにボールを動かして相手をかわせるようにするためには，自分の足が届く範囲にボールを置くことが大事。常にボールを足元に置くように気をつけることで分化能力が鍛えられます。

伸ばす力　バランス　**リズム**　反応　**定位**　**識別・分化**　**変換**　連結

1 実施方法を説明します

T　エリア内でドリブルをしましょう。ドリブルをしながら友達のボールをエリアの外に蹴り出しましょう。自分のボールも出されてはいけません。蹴り出したらプラス1点，蹴り出されたらマイナス1点。自分のボールが外にある時に友達のボールを蹴り出してはいけません。

2　ゲームを行います

T　それではやってみましょう！（2～3分程度実施）

3　得点が多かった子にポイントを聴きます

T　どうやったらたくさん点が取れるかな？

C　後ろを向いている子を狙う！

T　そうだね，自分の方を向いている子からとるのは難しいよね。後ろを
　　向いている子に近づいて行って蹴り出す方が簡単。周りをよく見て，
　　後ろを向いている人を探してみよう。

4　ルールを変えてもう一度ゲームを行います

T　次はチーム戦です！仲間のボ
　　ールを守ってもいいし，仲間
　　と協力して攻めても OK で
　　す。それではやってみましょ
　　う！（2～3分程度実施）

┄┄　運動の愉しさを引き出す言葉がけ（補充）

同じくらいの力になるようにチーム分けをしてみよう

　ゲームの醍醐味の1つに勝敗があります。お互いのチーム力が拮抗してい
る時が最も愉しめます。強い子をたくさん集めてしまうのではなく，実力差
が拮抗するようにし，苦手な子を守るように声かけしましょう。他の人の実
力を分析することも大切な能力の1つです。

動画解説

12 がっちり運ぼう

準備物 ボール，マーカーコーン

　このゲームは，ボールを「運ぶ」「止める」「周りの状況を見る」という感覚をゲーム形式で愉しみながら鍛えることができます。勝つためには刻々と変わる状況を見て，判断することが必要です。ボールを扱う分化能力を鍛えながら，状況判断して動く変換能力も伸びていきます。

伸ばす力 バランス リズム 反応 定位 識別・分化 変換 連結

1 実施方法を説明します

T　自分の陣地へ，ドリブルでボールを運びましょう。1度に運べるボールは1球だけです。2球以上は運んではいけません。また，自陣のボールを守ることも禁止です。他の陣地からボールを持ってきてもOKです。

2 運動を行います（制限時間1～2分）

T　それではやってみましょう。よーいスタート！

3 どのようにすれば勝てるかを考えます

T　どうすれば勝てるかな？
C　速くドリブルする！

T　そうだね，速くドリブルすることは大切だね。それと，どこからボールを持ってくれば勝てるかな？

C　数が多いチーム！

T　そうなんだ。多いチームから取って来ないとそのチームが勝ってしまうからね。ボールが多いチームを探しながらドリブルしてみよう。

💬 運動の愉しさを引き出す言葉がけ（補充）

チーム戦でやってみましょう！

　1チーム2，3人で構成し，順番にボールを取りに行かせましょう。順番に取りに行くことで，チーム内で声を掛け合うことができます。どこから取ってくればより勝ちやすくなるかを考えて声かけをすると，ドリブルは苦手だけど声をかけることは得意な子が輝く場となります。

おわりに

あなたには，夢中になれるものがありますか？

「好きこそものの上手なれ」という言葉があります。私はこの言葉の意味を，「好きならば継続する，継続すれば上達する」と捉えています。時に子どもたちは，食事すらも忘れるほどなにかに没頭します。本を読むこと，絵を描くこと，ブロックや人形で遊ぶこと，ゲームをすること。没頭できるということは，没頭できる力を持っているということです。

しかし，嫌いなことや苦手なことからはすぐに逃げ出そうとします。それは当然の反応です。誰しもが嫌いなことや苦手なことをやりたくないと思っています。それは大人だって同じですよね（ちなみに私たちはみんなデスクワークが苦手です）。私たち大人ができることは，子どもに嫌いなことや苦手なことを無理やりやらせることではありません。それよりも，嫌いなことや苦手なことを，どうやったら愉しいものに変換できるか，一緒に考えることではないでしょうか。

算数の計算ドリルが嫌いなら，ハンデをつけて親子で競ってみよう。音読で喋るのが苦手なら，一緒に読んでみよう。歴史の暗記が苦手なら，当時の人の気持ちになってみよう。方法はいくらでもあります。大切なのは目の前にいる子どもたちと，どうしたら「愉しい」を「創れるか」を考えることなのです。

それは運動も同じです。本書で紹介した運動メニュー50個を，そのまま子どもたちに提供しても，子どもたちが愉しめるかどうかはわかりません。運動習慣，食べているもの，両親の影響など，同じ人は1人としていません。すでに運動が苦手だと感じている子どももいるかもしれませんね。子ども一人ひとりのバックグラウンドは違います。そんな時こそ，先生の腕の見せ所です。目の前の子どもたちにフィットするように，本書で紹介した運動メニ

ューをアレンジしてみてください。参加人数を増やしてもよし，範囲を広げてもよし，特別ルールをつけるもよし，目を閉じてやってみるのもよし。また，どうすれば愉しくなるか，子どもたちと相談して意見を出し合ってもいいでしょう。子どもの頭はやわらかく，「愉しいこと」に貪欲です。大人が考えるよりも名案が出てくるかもしれません。

　この過程こそが「愉しいを創る」です。そしてこの過程においては，大人も子どもも年齢関係なく夢中になることができます。夢中になれれば自然と上達します。上達すれば継続します。そして体育の授業は愉しい時間になります。また，「愉しいを創る」という考え方を他教科にも応用すれば，きっと子どもたちは今以上に学校が大好きになるでしょう。ぜひ，わかりやすい結果ではなく，見えにくい過程に目を凝らし，子どもたちと一緒に愉しい人生を創っていってください。

　最後になりますが，本書執筆にあたり，撮影に協力してくれた相葉遥平くん，後藤佑太くん，松尾悠真くん，高橋蒼大くん，新谷柊人くん，大野琥大朗くん，黒川望花ちゃん，高橋梨菜ちゃん，永井ほのかちゃん，伊賀上和奏ちゃん，鈴木総真くん，西尾樹菜ちゃん，平坂章陽くん，長谷川幸希ちゃん，前島逞心くん，伊賀上和彩ちゃん，新谷奏太くん，宮脇将都くん，寺尾悠助くん。この子たちも私たちと共に愉しいを創ってくれました。本書が完成したのはみんなのおかげです。ありがとう！　また，本書執筆にあたり，多大なるお力添えをしてくださいました，明治図書の新井皓士さん。執筆中，お手間をかけることもありましたが，私たちにとってその過程すらも「愉しいを創る」経験となりました。いつも寛大なご対応，ありがとうございました。

　本書を手に取るみなさま方と，関わるすべての子どもたちの人生が愉しいものになりますように。心から願っております。

2021年7月

コーディスポーツ　寺尾大地　大塚修平

【著者紹介】

寺尾　大地（てらお　だいち）
コーディスポーツ代表
小学生のころから様々な運動を体験し，運動神経を鍛える。
順天堂大学に進学後，在学中から幼児・小・中・高校生，高齢
者を対象に運動を指導する。中学校教員を経て，保育園での体
操指導を始める。運動が苦手な子を対象にした「青空スポーツ
科学塾」講師。現在9園での体操教室，その他運動教室で指導，
4600名を超える子どもたちを指導してきた。モットーは「子ど
もが主役」。子ども一人ひとりに合った声かけ，一人ひとりに
合った運動指導を得意とする。夢はスポーツを通した教育がで
きる学校を創ること。

大塚　修平（おおつか　しゅうへい）
コーディスポーツ主任指導員
順天堂大学スポーツ健康科学部卒。小・中学校に3年勤務した
後，コーディスポーツに入社。2021年5月現在，毎月3教室，
5園で300名を超える子どもの指導を担当。夢は学校を創り，
一人ひとりが愉しい人生を送れるようサポートすること。

コーディスポーツ　　　　　　　　　コーディスポーツ公式
HP ▶ 　　　　　　　　LINE アカウント▶

体育科授業サポート BOOKS

動画でわかる！
小学校体育　コーディネーション運動50

2021年7月初版第1刷刊　©著　者　寺　尾　大　地
　　　　　　　　　　　　　　　　　大　塚　修　平
　　　　　　　　　　　発行者　藤　原　光　政
　　　　　　　　　　　発行所　明治図書出版株式会社
　　　　　　　　　　　　http://www.meijitosho.co.jp
　　　　　　　　　　　　　（企画・校正）新井皓士
　　〒114-0023　　東京都北区滝野川7-46-1
　　振替00160-5-151318　電話03(5907)6701
　　　　　　　　ご注文窓口　電話03(5907)6668

＊検印省略　　　　　　　組版所　広研印刷株式会社

本書の無断コピーは，著作権・出版権にふれます。ご注意ください。

Printed in Japan　　　　　　ISBN978-4-18-317526-7
もれなくクーポンがもらえる！読者アンケートはこちらから